découvrir

*Collection dirigée par le professeur Roger Brunet,
assisté de Suzanne Agnely et Henri Serres-Cousiné.*

© 1977. Librairie Larousse. Dépôt légal 1977-4ᵉ - Nº de série Éditeur 8186
Imprimé en France par l'imprimerie Jean Didier (Printed in France).
Librairie Larousse (Canada) limitée, propriétaire pour le Canada
des droits d'auteur et des marques de commerce Larousse.
Distributeur exclusif pour le Canada : les Éditions françaises Inc.,
licencié quant aux droits d'auteur et usager inscrit des marques pour le Canada.

*Iconographie : tous droits réservés à A.D.A.G.P. et S.P.A.D.E.M.
pour les œuvres artistiques de leurs adhérents, 1977.*
ISBN 2-03-013927-0

beautés de la France

LE NORD

Librairie Larousse
17, rue du Montparnasse, 75006 Paris.

Sommaire

Dans chaque chapitre figure une carte originale de Roger Brunet.

Les numéros entre parenthèses renvoient aux folios placés en bas de page avec les titres abrégés des chapitres (1. Côte d'Opale - 2. Petites cités en Flandre - 3. Villes flamandes - 4. Paysages verts du Nord).

1. D'Artois en Flandre, la Côte d'Opale

Le Touquet et Étaples (12)
De Berck à Hardelot (13-14)
Boulogne-sur-Mer (14-15)
La Côte d'Opale et ses deux caps (16)
Calais (17-18)
Gravelines et Fort-Philippe (18)
Dunkerque (18-19)
Malo, Zuydcoote et Bray-Dunes (20)

Textes en haut de page

Le Boulonnais et Desvres (13-14)
L'Artois et Bernanos (15-18)
 avec Montreuil-sur-Mer (16-17)
 et Hesdin (17)
Gastronomie maritime (18-19)
Boulogne et la pêche (19-20)
rédigé par Monique Fauré

Les photographies sont signées :
p. 1, Bussy-Explorer;
pp. 2, 3, 8-9 (haut), 9 (bas), 10-11, 14 (haut), 14 (bas), 15 (haut), 17 (bas), 18, 19 (bas), Mazin-Cedri;
pp. 4-5 (haut), 4 (bas), 5 (bas), 7, 12, Herout-Top;
pp. 6, 13 (haut), 16, Dagbert-Viva;
p. 13 (bas), Cuny-Explorer;
pp. 15 (bas), 17 (haut), Berne-Fotogram;
p. 19 (haut), Anderson-Fournier-Explorer.

2. Petites cités en terre de Flandre

Blooteland et Houtland (12)
La Flandre des canaux (12)
Bergues (13-14)
Les Moëres (14-15)
Hondschoote (15-16)
Saint-Omer ou la Venise du Nord (16-18)
Les monts de Flandre (19)
Cassel (20)
Hazebrouck, Bailleul et Steenvoorde (20)

Textes en haut de page

Les moulins à vent (13-14)
Le pays de l'Aa (14-16)
Ardres, Guînes et le Camp du Drap d'Or (16-18)
Dentelles de Bailleul (18-19)
La table flamande (19-20)
Termes du cru (20)
rédigé par Monique Fauré

Le reportage photographique a été réalisé par
Pascal Hinous-Top.

Notre couverture :

Fort bien conservé,
le moulin à vent de Wormhoudt,
dit « moulin Deschodt »,
au cœur de la Flandre.

Phot. Pascal Hinous-Top.

3. En Flandre, des villes à beffrois

Un pays de villes (12-14)
Arras (14-15)
Douai (15-16)
Cambrai (16-18)
Lille (18-19)
Béthune (19)
Aire-sur-la-Lys et Armentières (20)

Textes en haut de page

Les jeux et les ris (13)
Les géants du Nord (13-14)
Coulons et coulonneux (14-15)
Les spécialités d'Arras (15-17)
Le musée de l'hospice Comtesse (17-18)
Le pays houiller (18-19)
La bière de Gambrinus (20)

Le reportage photographique a été réalisé par **Jean-Noël Reichel-Top,** à l'exception des photos
p. 3, Pavlovsky-Rapho;
p. 5 (bas, à gauche), Berne-Fotogram;
pp. 8, 9, Jipé-Cedri;
p. 17 (haut), Villers-Fotogram;
p. 17 (bas), Jief Stien-C. D. Tétrel;
p. 18 (bas), Phédon Salou;
p. 20 (haut), Dagbert-Viva.

4. Les paysages verts du Nord

Le parc de Saint-Amand (12-14)
Mélantois et Pévèle (14-15)
La vallée de l'Escaut et Condé (15-16)
Valenciennes (16)
Maubeuge (16)
Bavay (17-18)
Le Quesnoy et la forêt de Mormal (18)
L'Avesnois (18-19)
Le Cambrésis et Le Cateau (19-20)
La vallée de la Sensée (20)
Les collines d'Artois (20)

Textes en haut de page

Les eaux de Saint-Amand (13)
Proverbes et maximes du Nord (13-14)
Carillons et cloches du Nord (14-15)
Mabuse (15-16)
Le maroilles (16-17)
Les bonnes tables de l'Avesnois (17-18)
Le château d'Olhain (18-19)
Caudry et la dentelle (19)

Le reportage photographique a été réalisé par **Paul Maurer-Cedri,** à l'exception des photos
p. 2 (bas), Hinous-Top;
pp. 4, 10-11, Reichel-Top;
p. 8, Leclercq-Fotogram;
p. 18, Desjardins-Top.

Index

Les lettres placées devant l'indication des pages renvoient aux chapitres suivants :

COP (D'Artois en Flandre, la Côte d'Opale)
PCF (Petites cités en terre de Flandre)
AVF (En Flandre, des villes à beffrois)
PVN (Les paysages verts du Nord)

Les pages sont indiquées en **gras** lorsqu'il s'agit d'une illustration, en *italique* pour le renvoi à la carte.

AA (cours d'eau et vallée de l'), PCF **4**, 5, 7, 14, 15, **15**, 16, **16**, 18, *20*.
AIRE-SUR-LA-LYS [Pas-de-Calais], AVF 2, 12, 13, 20, **20**.
ALPRECH (cap d'), comm. du Portel [Pas-de-Calais], COP 14, *20*.
AMBLETEUSE [Pas-de-Calais], COP **8**, **9**, 16, *20*.
ANCHIN (abbaye d'), comm. de Vred [Nord], PVN 14, *20*.
ARDRES [Pas-de-Calais], PCF 17, *20*.
ARMENTIÈRES [Nord], AVF *20*.
ARQUES [Pas-de-Calais], PCF 16, *20*.
ARRAS [Pas-de-Calais], AVF **4**, **5**, 12, **13**, 14, 15, 16, **20**.
ARTOIS [Pas-de-Calais], AVF 12, 13, 14, 18, 19; PVN 20, *20*.
AUBIGNY-AU-BAC [Nord], PVN 20, *20*.
AUDRESSELLES [Pas-de-Calais], COP 16, *20*.
AVESNES-SUR-HELPE [Nord], PVN 14, 17, 18, **19**, *20*.
AVESNOIS [Nord], PVN **6**, **7**, 18, 19, *20*.
BAILLEUL [Nord], AVF 13; PCF 12, 18, 19, 20, *20*.
BAVAY [Nord], PVN 17, 18, *20*.
BERCK-PLAGE, comm. de Berck-sur-Mer [Pas-de-Calais], COP **4**, **5**, 13, *20*.
BERGUES [Nord], PCF **8**, **9**, 12, 13, 14, **14**, *20*.
BERLAIMONT [Nord], PVN **9**.
BÉTHUNE [Pas-de-Calais], AVF 1, **2**, **3**, 19.
BLANC-NEZ (cap) [Pas-de-Calais], COP **9**, 16, **16**, *20*.
BLENDECQUES [Pas-de-Calais], PCF 15, *20*.
BLÉRIOT-PLAGE, comm. de Sangatte [Pas-de-Calais], COP 16, *20*.
BLOOTELAND. Voir Plaine maritime.
BON-DIEU-DE-GIBELOT (chapelle du), comm. d'Hasnon [Nord], PVN 12, **13**.
BOULOGNE-SUR-MER [Pas-de-Calais], COP 14, **14**, 15, **15**, 19, *20*.
BOULONNAIS [Pas-de-Calais], COP 13, **13**, 14, 15, *20*.
BOUVINES [Nord], PVN 14.
BRAY-DUNES [Nord], COP 19, 20, *20*.
BRUAY-SUR-L'ESCAUT [Nord], PVN 15, *20*.
CALAIS [Pas-de-Calais], COP 17, **17**, 18, *20*.
CAMBRAI [Nord], AVF **6**, **7**, 13, 16, **17**, **18**.
CAMBRÉSIS [Nord], AVF 12, 19; PVN 19, 20, *20*.
CASSEL [Nord], PCF **9**, 18, 19, 20, *20*.
CASSEL (mont), comm. de Cassel [Nord], PCF 20, *20*.
CATEAU (Le) [Nord], PVN 19, 20, *20*.
CATILLON-SUR-SAMBRE [Nord], PVN 19, *20*.
CATS (mont des), comm. de Berthen [Nord], PCF 19, 20, *20*.
CAUDRY [Nord], PVN 19, *20*.
CLAIRMARAIS (forêt de) [Pas-de-Calais], PCF **1**, 18, *20*.
CONDÉ-SUR-L'ESCAUT [Nord], PVN 15, *20*.
CÔTE D'OPALE, COP 1 à 20.
COUSOLRE [Nord], PVN **9**.
CRÉMAREST [Pas-de-Calais], COP 14, *20*.
CYSOING [Nord], PVN 15.
DESVRES [Pas-de-Calais], COP 13, *20*.
DOUAI [Nord], AVF 13, 15, **15**, 16, **16**, 17.
DOURLERS [Nord], PVN 16, **17**.
DUNKERQUE [Nord], AVF 13; COP 18, 19, **19**, *20*.
EPPE-SAUVAGE [Nord], PVN 19.
ÉQUIHEN-PLAGE [Pas-de-Calais], COP 14, *20*.
ESCALLES [Pas-de-Calais], COP 16, *20*.
ESCAUT (cours d'eau et vallée de l'), PVN 15, *20*.
ESQUELBECQ [Nord], PCF **6**, 20, *20*.
ESQUERDES [Pas-de-Calais], PCF 15, **16**, *20*.
ÉTAPLES [Pas-de-Calais], COP **2**, 12, *20*.
FAUQUEMBERGUES [Pas-de-Calais], PCF 15, *20*.
FLANDRE [Nord et Pas-de-Calais], AVF 12, 14, 18; PCF 1 à 20.
FLANDRE INTÉRIEURE [Nord], PCF **9**, 19, 20.
FONTINETTES (les), comm. d'Arques [Pas-de-Calais], PCF 16, *20*.
FRESSIN [Pas-de-Calais], PCF 15, *20*.
GODINCTHUN (château de), comm. de Pernes-lès-Boulogne [Pas-de-Calais], COP 14, *20*.
GRAND-FORT-PHILIPPE, comm. de Gravelines [Nord], COP 18, *20*.
GRAVELINES [Nord], COP 18, *20*.
GRIS-NEZ (cap) [Pas-de-Calais], COP **6**, 16, *20*.
GUÎNES [Pas-de-Calais], COP 17, 18, *20*.
HAINAUT [Nord], AVF 12, 13, 18, 19; PVN 12, *20*.
HARDELOT-PLAGE, comm. de Neufchâtel-Hardelot [Pas-de-Calais], COP 14, *20*.
HAZEBROUCK [Nord], PCF **6**, **7**, 12, **19**, *20*.
HELPE MAJEURE (cours d'eau et vallée de l'), PVN 18, 19.

HELPE MINEURE (cours d'eau), PVN 2, 3, 18, *20*.
HESDIN [Pas-de-Calais], COP 17, 18, *20*.
HEUCHIN [Pas-de-Calais], COP 15, *20*.
HIRSON [Aisne], AVF 13.
HONDSCHOOTE [Nord], PCF **10**, **11**, 12, 13, **13**, 14, 15, **15**, 16, *20*.
HOUTKERQUE [Nord], PCF **2**, **3**, 20, *20*.
HOUTLAND. Voir Flandre intérieure.
HUMBERT [Pas-de-Calais], COP **15**, 16, *20*.
LIESSIES [Nord], PVN 19, *20*.
LILLE [Nord], AVF **8**, **9**, **10**, **11**, 13, 14, 17, **17**, 18, 19, **19**, *19*.
MACQUINGHEN, comm. de Baincthun [Pas-de-Calais], COP 14, *20*.
MALO-LES-BAINS [Nord], COP 20, *20*.
MARCHIENNES [Nord], AVF 16; PVN 14, *20*.
MARCK [Pas-de-Calais], COP 18, **18**, *20*.
MAROILLES [Nord], PVN **2**, **3**, 18, *20*.
MAUBEUGE [Nord], PVN 14, 16, *20*.
MÉLANTOIS [Nord], PVN 14, 15.
MERCK-SAINT-LIÉVIN [Pas-de-Calais], PCF 15, **15**, *20*.
MERLIMONT-PLAGE, comm. de Merlimont [Pas-de-Calais], COP 13, *20*.
MOËRES (pays des) [Nord], PCF **2**, 12, 14, **14**, 15, *20*.
MONS-EN-PÉVÈLE [Nord], PVN 15, *20*.
MONT-SAINT-ÉLOI [Pas-de-Calais], PVN **19**, 20, *20*.
MONTCAVREL [Pas-de-Calais], COP 16, *20*.
MONTREUIL-SUR-MER [Pas-de-Calais], COP 16, 17, **17**, *20*.
MORMAL (forêt de) [Nord], PVN **1**, 18, *20*.
NORD (département), PVN 1 à 20.
NOTRE-DAME-DE-LORETTE (abbaye de), comm. d'Ablain-Saint-Nazaire [Pas-de-Calais], PVN 20, *20*.
NOTRE-DAME-DE-VAUCELLES, comm. des Rues-des-Vignes [Nord], AVF 12.
OLHAIN (château d'), comm. de Fresnicourt-le-Dolmen [Pas-de-Calais], PVN **10**, **11**, 18, 19, *20*.
OYE-PLAGE [Pas-de-Calais], COP 18, *20*.
PALLUEL (étang de) [Pas-de-Calais], PVN **5**, *20*.
PECQUENCOURT [Nord], PVN 14, **14**, 15, *20*.
PETIT-FORT-PHILIPPE, comm. de Gravelines [Nord], COP 18.
PÉVÈLE [Nord], PVN 15, *20*.
PLAINE MARITIME [Nord et Pas-de-Calais], PCF 12 à 18, *20*.
PORTEL (Le) [Pas-de-Calais], COP 14, *20*.
QUESNOY (Le) [Nord], PVN **17**, 18, *20*.
RÉCOLLETS (mont des), comm. de Cassel [Nord], PCF **9**.
RÉTY [Pas-de-Calais], COP 15, *20*.
SAINGHIN-EN-MÉLANTOIS [Nord], PVN 14.
SAMER [Pas-de-Calais], COP 14, *20*.
SANGATTE [Pas-de-Calais], COP 16, *20*.
SARS-POTERIES [Nord], PVN 18, 19, *20*.
SCARPE (cours d'eau et vallée de la), PVN 14, *20*.
SENSÉE (cours d'eau), PVN **4**, 20, *20*.
SOLRE-LE-CHÂTEAU [Nord], PVN **6**, 19, *20*.
STEENVOORDE [Nord], PCF 20, *20*.
STELLA-PLAGE, comm. de Cucq [Pas-de-Calais], COP 12, *20*.
SAINT-AMAND-LES-EAUX [Nord], PVN **8**, 12, 13, **13**, 14, **14**, *20*.
SAINT-AMAND-RAISMES (parc régional de) [Nord], PVN 12, **12**, *20*.
SAINTE-CÉCILE-PLAGE, comm. de Camiers [Pas-de-Calais], COP **2**, **3**, 13, *20*.
SAINT-GABRIEL-PLAGE, comm. de Camiers [Pas-de-Calais], COP 13, *20*.
SAINT-JOSSE [Pas-de-Calais], COP 16, *20*.
SAINT-OMER [Pas-de-Calais], PCF **4**, **5**, 7, 12, 16, **16**, 17, **17**, 18, **18**, *20*.
SAINT-POL-SUR-TERNOISE [Pas-de-Calais], COP 18, *20*.
SAINT-QUENTIN (canal de), AVF 18.
SAINT-VAAST (abbaye), comm. d'Arras [Pas-de-Calais], AVF 12, 14, 15.
TOUQUET-PARIS-PLAGE (Le) [Pas-de-Calais], COP **1**, **4**, **5**, 12, **13**, *20*.
VALENCIENNES [Nord], PVN 15, 16, **16**, *20*.
VIMY [Pas-de-Calais], PVN 20, **20**, *20*.
WAAST (Le) [Pas-de-Calais], COP 14, *20*.
WATTEN [Nord], PCF 12, **13**, *20*.
WEST-CAPPEL [Nord], PCF 20, *20*.
WIERRE-AU-BOIS [Pas-de-Calais], COP 14, **14**, *20*.
WIMEREUX [Pas-de-Calais], COP **6**, **7**, 16, *20*.
WIRWIGNES [Pas-de-Calais], COP 14, *20*.
WISSANT [Pas-de-Calais], COP **9**, 16, *20*.
ZUYDCOOTE [Nord], COP 20, *20*.

Le Nord a quatre séductions.

*O*N NE PRÉTENDRA PAS rectifier ici les idées fausses qui courent sur le Nord. Il y faudra bien du temps, bien des livres, bien de l'invention. Il faudra surtout y venir voir. Faute de mieux, on peut toutefois essayer de le donner à voir. Sûr que l'image et ses commentaires parleront d'eux-mêmes.

Car la région du Nord n'est pas seulement la Flandre et le pays minier. Elle tient une place beaucoup plus qu'honorable dans les « beautés de la France ». À au moins quatre titres, sans compter les sous-titres. Un rivage maritime qui n'a rien de négligeable puisqu'il s'étire sur 150 km, de Berck à Zuydcoote. Tout près, des villages et des fermes de brique rouge parmi les canaux, sous un ciel toujours renouvelé. Des villes, animées, riches de maisons anciennes et de monuments, de musées et de traditions, de vie et de fêtes. Et, de l'autre côté, de l'herbe, de l'herbe et des bois, des vallonnements parmi les plus verts de France, où nichent des étangs.

La côte est sur deux mers : seules la Bretagne et, à la rigueur, la Corse peuvent en dire autant. Elle a au moins deux visages : les falaises de craie des « nez », le Blanc ou le Gris, face à leurs sœurs d'Angleterre; les longues plages rehaussées de dunes où les oyats saluent le vent. Derrière les falaises commence le grand plateau de l'Artois; n'allez pas croire une table : tout un lacis de vallons s'y grave, où coulent ces petites rivières qui furent chères à Bernanos; et, de Desvres à Boulogne, où la roche est plus tendre, c'est tout un moutonnement de collines aux grasses prairies, coupées de haies et de bosquets, où paissaient les lourds chevaux boulonnais. Derrière les dunes, des pays bas, de deux sortes encore : côté Artois, une bande étroite, au pied d'un long talus qui n'est autre qu'une ancienne falaise marine, maintenant bien émoussée depuis que la mer l'a abandonnée, comme elle a dédaigné Montreuil, jadis un vrai port; côté Flandre, le commencement même des grands « pays bas », la plaine sillonnée de canaux, point encore trop large ici, puisqu'il lui faut le Rhin pour s'épanouir.

Sur le rivage même, aux deux ailes, des stations balnéaires ont su à la fois s'étaler et s'abriter, et devenir célèbres : qui ne connaît, au moins de nom, Berck et Le Touquet, Malo et Zuydcoote? Les unes sont à mi-chemin entre Londres et Paris, les autres sont déjà au midi pour les Belges et les Néerlandais… Au centre, trois grands ports, tout différents. Trois vedettes, chacune ayant choisi son domaine et s'y étant taillé la première place en France : Boulogne, premier pour la pêche; Calais, premier pour les voyageurs; Dunkerque, premier pour l'industrie et les « marchandises sèches ». On sent, derrière, un monde puissant, affairé. On devine, devant, les mers les plus exploitées du monde. On voit combien le pas de Calais unit maintenant la Grande-Bretagne au continent, plus qu'il ne les sépare; Calais, d'ailleurs, est loin d'avoir le monopole des allées et venues. Trois grands ports, trois vraies villes, qui ne se ressemblent pas plus que ne se ressemblent leurs ports; elles ont toutes trois leur genre de beauté, qui tient sans doute à leur fonction, mais aussi à leur site et à leurs fêtes.

Tout près de là, le pays flamand ne demande qu'à être parcouru. Lentement, si possible : les routes y ont l'humeur changeante, et chaque maison, ou presque, est un bijou. De cette Flandre aussi on a généralement une image simple, et donc partielle, sinon fausse. D'abord, elle a deux visages : un seul d'entre eux est bien celui de la plaine, des canaux, et d'une assez rigoureuse géométrie. L'autre, tout aussi étendu, est celui des basses collines, des lignes courbes et sinueuses et de ces buttes fort peu hautes mais qui *se voient de si loin qu'on les appelle des « monts ». Dans l'une comme dans l'autre de ces Flandres, il reste évidemment quelques moulins, qui n'avaient pas le même usage, et sans lesquels la Flandre ne serait pas ce qu'elle est. Mais les moulins ne sont qu'un signe, un symbole, pour ne pas dire un fétiche. Les maisons et les villages vous donneront bien plus à voir. Ils vous montreront aussi que cette division commode entre Flandre maritime et Flandre intérieure, entre Blootland et Houtland, ne suffit pas à épuiser la variété des paysages. Il y a loin des Moëres, ce polder presque neuf, à la mystérieuse forêt de Clairmarais ; loin de Bergues, château fort campé dans les eaux, à l'aimable chapelet qui, de Saint-Omer à Guînes et Ardres, reste au bord des pays bas; et la plaine de la Lys, quoique au-delà des « monts », est un autre pays d'eau.*

Au cœur du Nord sont les grandes villes, dont l'activité débordante ne dit pas assez qu'elles méritent la flânerie. Là se sont accumulées les richesses, qui pour une part se sont investies dans le décor des rues, par cette exubérance baroque dont on ne sait si elle est ostentation de la réussite, compensation des jours gris, reste d'une tradition des temps espagnols ou expression d'une gaieté foncière que le Nord laisse voir parfois. Quelques églises et cathédrales et, surtout, une profusion de bâtiments civils, publics ou privés, font des villes du Nord d'autres musées. Et même des musées de musées. C'est que le Nord a longtemps été, et peut-être demeure, la plus riche région française — bien avant l'ère du charbon. C'est à l'effort de ses marchands, de ses ouvriers, de ses édiles que, depuis le Moyen Âge, presque toujours en avance sur le reste de la France, ce morceau des « pays bas » doit d'avoir bâti ou engrangé tant de trésors. Et que les villes ont su les conserver, à l'abri des grands beffrois, ces symboles du pouvoir communal, ou bourgeois, au moins au sens étymologique. D'Arras à Lille et de Béthune à Cambrai, autour de Douai qui a des restes dignes d'une capitale, les villes rassemblent tout ce que le Nord a inventé de plus ingénieux et de plus subtil, comme de plus débridé et même d'énorme, quand vient le jour des ducasses et des kermesses.

Autour, et surtout du côté de l'intérieur, la verdure. Non que manquent les champs — c'est même dans le Nord que l'agriculture française se fait la plus intensive — ni, bien sûr, les grands espaces urbanisés. Mais de tels rassemblements de citadins ont, précisément, besoin des poumons de la nature. On peut massacrer la nature ou la soigner avec attention. Le Nord est de la deuxième sorte. Et une nature soignée, qui n'est donc plus « naturelle », peut être fort belle. Voyez déjà, tout près de Lille, Pévèle et Mélantois. À côté, cette forêt de Saint-Amand, devenue très tôt un « parc naturel ». À peine plus loin, au pays du maroilles, les collines de l'Avesnois, jalonnées d'accueillantes bourgades, qui prolongent la Thiérache et annoncent l'Ardenne. Vers le sud, cette plaine de la Sensée, où se succèdent de petites stations qui n'ont pas l'air d'en être, au rendez-vous des pêcheurs.

Oui, le Nord a ses beautés. Complémentaires. Qui ne ressemblent à rien d'autre en France, parce que ni la position, ni l'histoire, ni l'activité du Nord n'ont été banales. Il ne le cède en rien aux cinq autres sommets de l'hexagone, qui ont ensemble la meilleure part des beautés de la France. Ce serait un peu boiter que de connaître seulement les cinq autres.

ROGER BRUNET

d'Artois en Flandre
la Côte d'Opale

La Côte d'Opale,
coupée d'estuaires
où se réfugient les ports,
offre à une mer aux reflets changeants
un cordon de plages
et de dunes que parfument
le sel et l'iode.

◀ Ivresse des grands espaces,
de la vitesse et du silence :
la pratique du char à voile
au Touquet-Paris-Plage.

◀ Sagement alignés
le long des quais de la Canche,
les bateaux ventrus
des pêcheurs d'Étaples.

▲ Bordée de dunes,
l'immense plage
d'une petite station balnéaire :
Sainte-Cécile-Plage.

Côte d'Opale. 3

▲ *Le vent creuse d'étranges sillons dans le sable de Berck-Plage.*

◀ *Au Touquet, une dune artificielle fait office de coupe-vent.*

*De Berck-Plage
au Touquet-Paris-Plage,
perle de la Côte d'Opale,
une grève de sable continue
ganse le rivage
d'un long ruban d'or pâle.*

À peine séparées par des haies basses, ▶
quelque 2 000 villas s'égaillent
parmi les pins du Touquet.

*Dernière falaise
vers le Nord,
une muraille de craie
borde le pas de Calais,
entaillée de « crans »
où se blottissent
des stations estivales
que leur atmosphère vivifiante
rend aussi climatiques
que balnéaires.*

Rochers tapissés ▲
*d'algues vertes ou de varech :
la Côte d'Opale
au pied du cap Gris-Nez.*

Jonchée de galets ▶
*à l'équinoxe d'automne,
la digue-promenade
de Wimereux.*

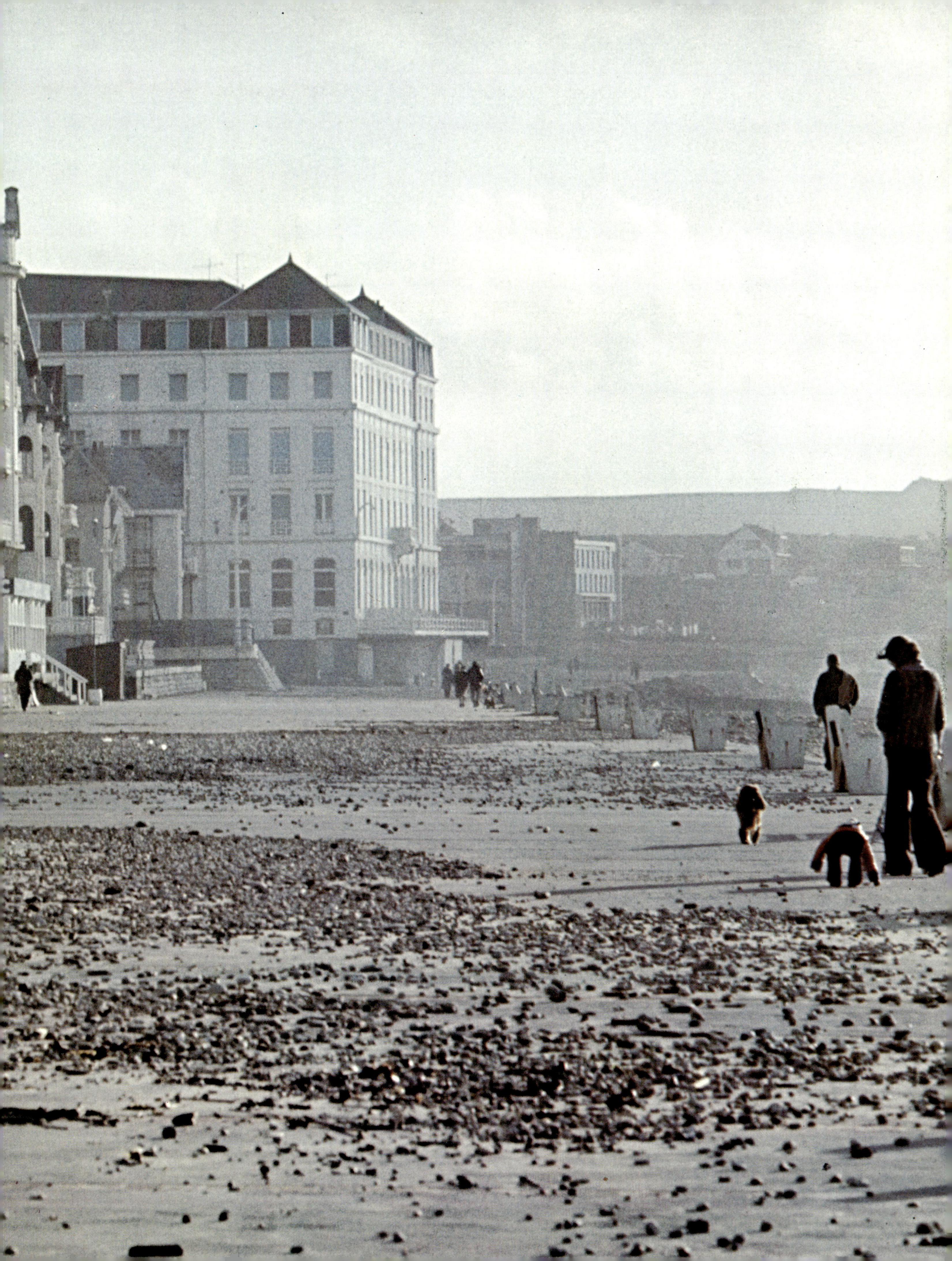

*Devenu station balnéaire
l'ancien port de guerre
d'Ambleteuse
n'a plus besoin
de la protection
du vieux fort Mahon*

*Sentinelles de la Côte d'Opale,
les hautes silhouettes des caps Gris-Nez et Blanc-Nez
dominent un littoral
qu'embellissent les jeux changeants de l'eau,
du sable et de la lumière.*

*Le cap Blanc-Nez
domine de ses 134 m
la baie au fond de laquelle
Wissant se tapit
au ras de l'eau*

Vue du cap Blanc-Nez, ▶
la plage creusée
de « bâches »
où l'eau s'attarde.

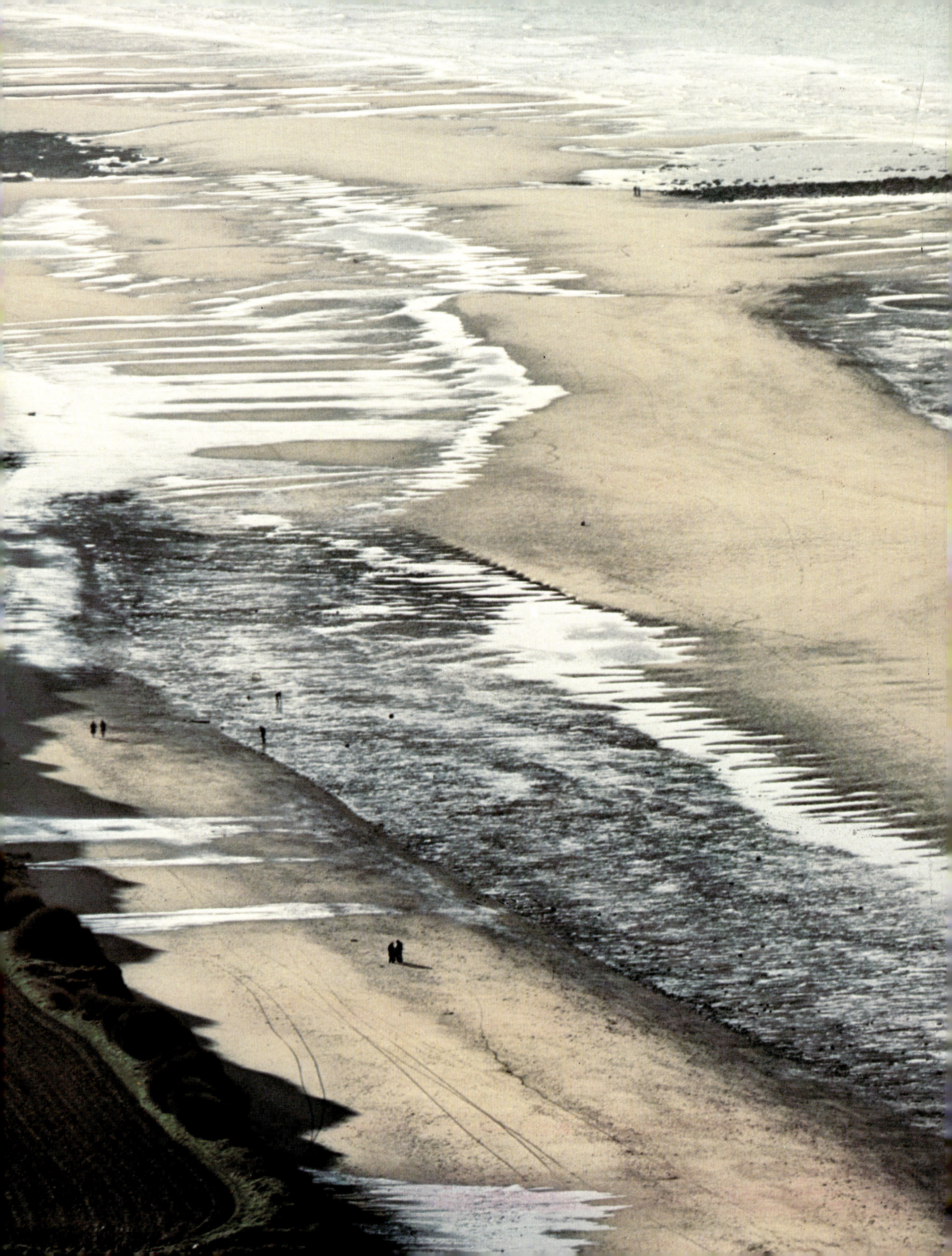

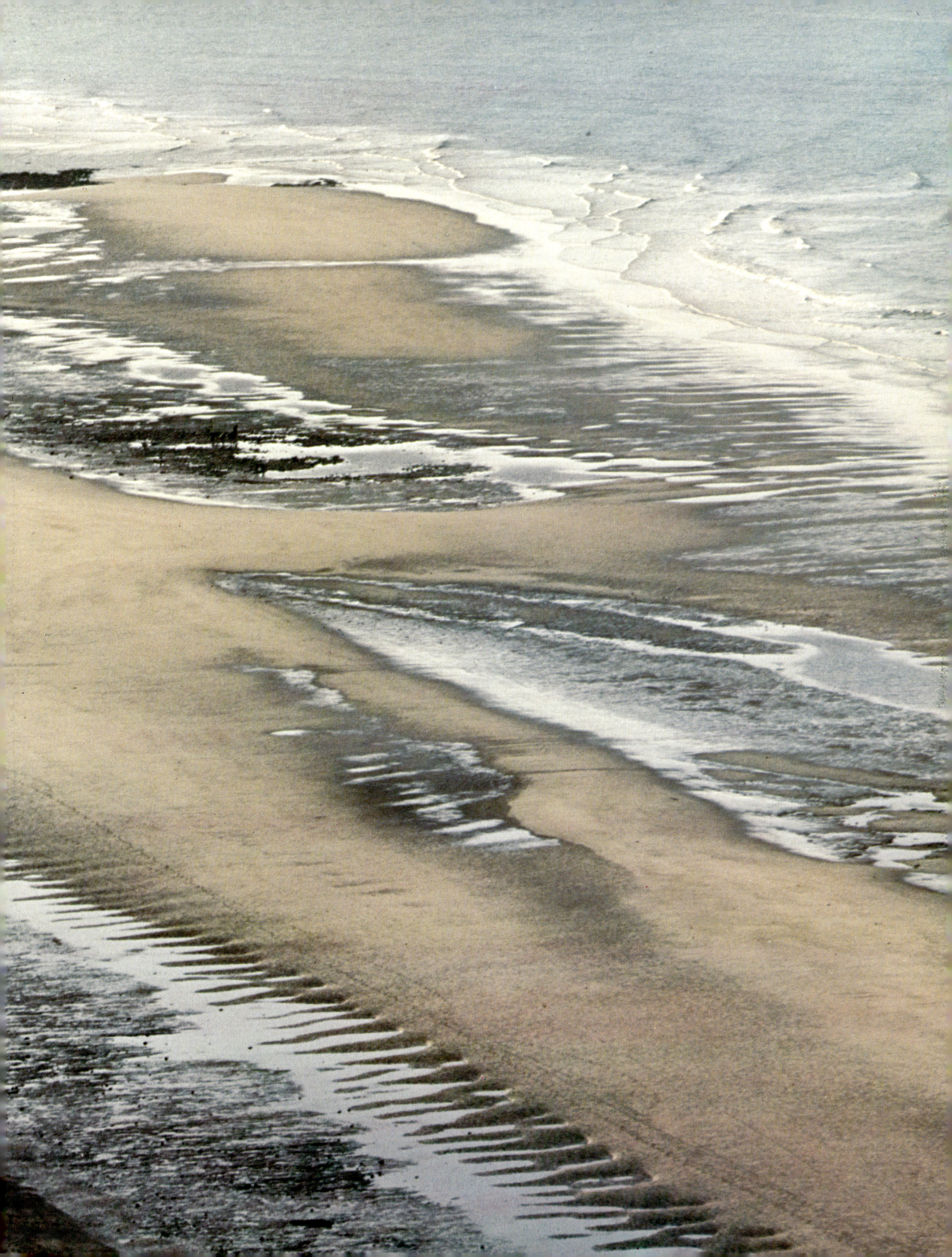

▲ *Mer laiteuse, sable blond
et herbes rousses :
la Côte d'Opale
sous son ciel changeant.*

De la baie d'Authie à la frontière belge, la région du Nord, active, truculente, riche et très peuplée, étire le long de la Manche et de la mer du Nord 120 km d'un littoral que ses teintes laiteuses ont fait baptiser « Côte d'Opale ». Opale du sable fin, opale des falaises de craie, opale du ciel où filent les nuages, opale de la mer enjôleuse et farouche. Nuances pastel. Transparente luminosité. Nulle monotonie.

La côte est basse aux deux extrémités : Marquenterre picard au sud, Flandre maritime au nord; ici, les dunes sont retenues par des touffes d'oyats, là ce sont des pins tordus par le vent qui maintiennent le sable. Puis la côte se relève en falaises aux caps Gris-Nez et Blanc-Nez, où elle tranche le bombement de l'Artois. Dans l'arrière-pays, le creux d'un vallon, le fond d'une forêt, les remparts moussus d'une citadelle endormie recèlent bien des trésors, car que de pages d'histoire ont été écrites dans ces villes et sur ces plages!

Pourtant plus varié que le littoral belge et néerlandais, dont les plages surpeuplées sont un des hauts lieux du tourisme européen, le rivage du Nord français n'a pas encore fait son plein d'estivants, et l'espace n'est pas mesuré aux baigneurs sur les immenses grèves de sable. Les touristes y sont cependant plus nombreux chaque année. Venus non seulement des grandes agglomérations voisines et de la capitale relativement proche, mais d'un peu partout, ils accourent sur cette côte jadis réservée aux populations laborieuses des corons et aux enfants malades. Plages sans limites, air pur et vif, vigoureusement iodé... La Côte d'Opale attire peut-être moins que d'autres, mais elle retient.

Le Touquet, perle de la Côte d'Opale

Une station au moins a su, depuis longtemps déjà, se classer parmi les centres touristiques internationaux les plus fréquentés. Admirablement situé à l'embouchure de la Canche, à mi-chemin de Paris et de Londres, Le Touquet-Paris-Plage a joué la carte du luxe... et gagné la partie. Aux attraits de l'immense plage que sillonnent les chars à voile s'ajoutent deux casinos, deux piscines chauffées (dont une d'eau de mer), quarante-cinq trous de golf, trente-trois courts de tennis, un hippodrome, un club hippique, un golf miniature, une piste de karting, un aéro-club : rien ne manque pour distraire les occupants des magnifiques résidences dispersées au milieu des arbres. Brique rose ou crépi blanc, ferme normande à colombage ou villa moderne en béton : tous les styles sont représentés. Point commun : une élégance raffinée. Les Anglais qui viennent en avion passer un week-end, une semaine ou un mois ne sont pas dépaysés : gazons et jardins fleuris rivalisent de fraîcheur avec ceux d'outre-Manche.

Le Touquet doit son succès à la conjonction, assez rare sur la côte, des dunes et de la forêt. L'ombre bruissante des pins, plantés sous le second Empire, a vite séduit les promoteurs, et, en 1882, les premières villas étaient bâties parmi les arbres. En 1902, une société anglaise racheta tous les terrains disponibles et lança la station, qui devint, entre les deux guerres, une des plages les plus mondaines de France. Très éprouvé par la dernière guerre mondiale, Le Touquet a été rapidement rebâti et a retrouvé toute sa vitalité.

Au mois d'août, les belles villas blotties dans la « forêt » sont désertées par leurs propriétaires, fuyant les « congés payés » qui, venus du Nord, déferlent sur la plage. Descendant insensiblement vers le large, la vaste étendue de sable, que la basse mer découvre parfois sur 1 km, se peuple alors de longues rangées de cabines de toile ou de bois. Face à la mer, les maisons se serrent les unes contre les autres le long de l'esplanade fleurie; celles qui n'ont pu s'y loger s'alignent sagement dans les rues rectilignes du bourg, qui se croisent à angle droit; la plupart ont l'air moderne à la manière de 1930 : balustrades de bois et charme suranné.

Au fond de l'estuaire de la Canche, le petit port d'*Étaples* a gardé, malgré la proximité du Touquet, son apparence traditionnelle. Les maisons basses des pêcheurs, peintes de couleurs vives, bordent des ruelles sinueuses, modestes demeures (une porte, une fenêtre, une lucarne) qui, avec leur façade bariolée et leur pignon miniature, évoquent déjà la Flandre.

Comme jadis Montreuil, dont elle fut l'avant-port, Étaples lutte contre l'ensablement. Aujourd'hui, elle ajoute, à son activité de pêche, des conserveries et des chantiers de construction navale (bateaux à voile et à moteur). Mais les deux « géants » locaux, Batisse et Zabelle, ces énormes mannequins de toile et d'osier qui, conformément à la tradition du Nord, animent les fêtes du Carnaval, sont toujours habillés en pêcheurs.

Sables d'Artois

De part et d'autre de l'estuaire de la Canche, un bourrelet de dunes, retenu par les pins et les oyats, court parallèlement à la côte, séparant la plage de la plaine littorale, la « bassure ». Lentement édifiée par la mer, au pied de l'ancienne falaise, cette plaine, progressivement drainée par les hommes, apparaît aujourd'hui comme un quadrillage lâche, où fossés et rideaux d'arbres limitent des pâturages, des champs de plantes fourragères et des cultures maraîchères.

Vers le sud, sur le rivage du Marquenterre picard, la plage du Touquet se prolonge sans interruption jusqu'à Berck-Plage, jalonnée par deux petites stations balnéaires : *Stella-Plage,* dont les villas

La « boutonnière » du Boulonnais

Dans l'arrière-pays de Boulogne, que les géomorphologues appellent la « boutonnière » du Boulonnais, les amples ondulations vertes des collines répondent aux grandes vagues grises de la mer. Les eaux vives de la Liane, de la Course et de la Bouillonne, si bien nommées, serpentent au creux des vallons. Au bord des rivières poissonneuses s'étalent des prairies où, depuis des siècles, paissent des chevaux robustes, au poitrail large et à l'encolure puissante, bâtis pour travailler dans les terres lourdes et tirer diligences et voitures de poste. Mais les tracteurs, les trains et les 2 CV des P. T. T. ont pris le relais des quadrupèdes et, dans les pâturages, les bovins, aujourd'hui, tiennent souvent compagnie aux traditionnels chevaux. D'où que l'on vienne, la route monte et descend vivement, bordée de maisons longues et basses.

À l'orée d'une forêt bien aménagée, *Desvres,* dont l'église possède de belles boiseries et une crypte du XIe siècle, a toujours vécu des carrières voisines d'argile et de craie. Sous l'occupation romaine existait déjà une petite cité de potiers, *Divernia.* C'est au XVIIIe siècle que naquit la faïencerie d'art qui a conservé, depuis, une notoriété justifiée. Aux reproductions de Moustiers, de Strasbourg, de Rouen ou de Delft se joignent des œuvres originales, que l'on peut apprécier au musée de la Faïence aménagé dans l'hôtel de ville. Au-dessus de la ville d'aujourd'hui, les fumées blanches

▲ *Dans les vertes collines du Boulonnais, une longue ferme blanche.*

Sur la plage du Touquet, les tentes bariolées abritent
▼ *autant du vent que du soleil.*

s'abritent du vent dans des dunes boisées, en retrait du bord de mer, et *Merlimont-Plage,* dont le climat sédatif attire les familles nombreuses, et où, roulant, glissant, culbutant, les enfants s'en donnent à cœur joie sur les plus hautes dunes du pays (49 m).

Créée en plein sable au milieu du XIXe siècle, *Berck-Plage* est aujourd'hui une station balnéaire et médicale de premier plan. Il n'existait auparavant, à l'embouchure de l'Authie, qu'une modeste bourgade de pêcheurs, dont la moderne Berck-Ville, qui a profité du prodigieux essor de sa voisine, a gardé la vieille église rustique et la belle halle.

En 1844, Marianne Brillard, une femme du peuple que l'on appelait Marianne « Toute Seule » parce qu'elle avait perdu toute sa famille, eut l'idée de prendre en pension quelques enfants malingres. Elle obtint de si bons résultats qu'un médecin de Montreuil-sur-Mer, le Dr Perrochaud, lui fit confier de jeunes malades par l'Assistance publique de Paris. Les habitants de la ville ont perpétué le souvenir de cette femme courageuse sous l'aimable forme d'une « géante ». Affublée du costume traditionnel des « verrotières » (chercheuses de vers dans les sables de la plage), la géante Marianne arbore un jupon de futaine rouge sous une jupe bleue relevée, une chemise et une coiffe blanches, et un corselet noir.

Le premier hôpital fut bâti en 1861. Depuis, les bienfaits indiscutables de la cure à Berck ont entraîné un développement considérable de la station médicale et climatique. Outre l'énorme hôpital maritime, qui accueille jusqu'à 1 100 enfants d'un bout de l'année à l'autre, Berck possède plusieurs dizaines d'établissements spécialisés dans le traitement des maladies osseuses et la rééducation des traumatisés.

Parallèlement au centre de cure (dont les malades ne sont absolument pas contagieux) s'est développée une station estivale pour gens bien portants, dotée d'un casino et de tous les équipements d'une plage en vogue. À marée basse, lorsque la mer dégage une piste large de 1 km, les grands voiliers des sables filent à leur aise. Une épreuve internationale, les « Six Heures de Berck », attire en octobre une foule d'amateurs venus assister aux grandes régates de chars à voile. À quelque distance de la ville, dans les bois, le vaste parc d'attractions de Bagatelle offre un remarquable assortiment de distractions, allant du karting à la promenade en avion en passant par le manège, le canotage, les toboggans, le petit train, un parc animalier, des restaurants, etc.

Au nord de la Canche, dans le Boulonnais, l'habitat, moins dispersé qu'en Picardie, se rassemble en petits villages, mais l'aspect du rivage ne change guère. Au bord de la dune, reliées à la route nationale par des chemins en cul-de-sac, les petites stations familiales de *Saint-Gabriel-Plage* et de *Sainte-Cécile-Plage* ont été très éprouvées par la

Côte d'Opale. 13

des cimenteries se perdent dans les plus hautes collines du Boulonnais, le mont Pelé et le mont Hulin.

Parfois, entre les aulnes et les charmes d'un parc, au bout d'une allée cavalière, on devine le toit d'un manoir. Près de Desvres, c'est le château de *Wierre-au-Bois*, avec « son énorme tour ronde à toit pointu », où Sainte-Beuve adolescent passait des vacances chez des cousins et que l'on retrouve, dans *Volupté*, sous le nom de « château de Couaën ». Aux confins de la forêt de Boulogne, c'est celui de *Macquinghen*, repaire de conspirateurs royalistes sous l'Empire et où Cadoudal séjourna en 1800. Près de Wimereux, dans le manoir de *Godincthun*, on montre la cachette où se serait réfugié son complice Pichegru, tandis qu'en lisière de la forêt d'Hardelot pointent les quatre tours de *la Haye*, une « huguenotière » datant du XVIe siècle.

Riche en petits châteaux de toutes les époques, le Boulonnais possède aussi des témoins originaux de l'art religieux. *Samer* se dresse sur une hauteur au-dessus de la Liane; le point de vue agréable et la curieuse cuve baptismale (XIe s.) de l'église méritent une visite. En remontant vers le nord, l'église de *Wirwignes* renferme d'amusantes statues naïves, sculptées par un ancien curé; celle de *Crémarest* possède un imposant clocher fortifié du XVIe siècle, énorme tour à six étages; celle du *Waast* est un gracieux édifice roman — un des rares de la région du Nord —, au porche élégamment orné d'un arc festonné; elle appartenait autrefois à un prieuré fondé par sainte Ide, la mère

▲ *Le manoir de Wierre-au-Bois a conservé une grosse tour du XVe siècle.*

Le château de Boulogne, bastion de la Haute-Ville, et le dôme élancé
▼ *de la basilique Notre-Dame.*

guerre, mais elles ont heureusement conservé leur meilleur atout : les immenses étendues de sable fin qui leur permettent de fonder de grands espoirs sur l'avenir.

À l'embouchure de la Becque, la luxueuse station d'*Hardelot-Plage* dissimule, au milieu des pins, des frênes et des bouleaux de sa forêt vallonnée, des résidences cossues, soucieuses de se protéger au mieux du vent et des intrus. Entre les arbres, un grand terrain de golf bénéficie d'une prestigieuse renommée; les 16 courts de tennis — dont 2 sont couverts —, les 70 chevaux du club hippique, une piscine, un club de voile, un centre de parachutisme ascensionnel complètent l'éventail des loisirs. Dans les terres, sur un mamelon verdoyant, le château d'Hardelot, ancienne forteresse des comtes de Boulogne, domine deux charmants étangs formés par la Becque; les remparts du XIIIe siècle sont très restaurés et le manoir a été rebâti au XIXe siècle, mais l'ensemble ne manque pas de cachet.

Au nord d'Hardelot, la plaine maritime se resserre progressivement pour céder la place aux pâles falaises du Boulonnais. La jonction se fait à *Equihen-Plage,* dont l'anse de sable doré s'arrondit entre deux escarpements protégeant un petit port. Au-delà, le paysage change. Le *cap d'Alprech* domine résolument la mer « vaporeuse et nacrée » que le poète dunkerquois Auguste Angellier venait y admirer au début du siècle, et *Le Portel,* ancien port de pêche devenu station balnéaire, abrite sa plage entre des falaises de 25 m. Les rochers couverts de lichen, l'odeur fortement iodée de la mer, la cueillette des moules et autres coquillages, la digue qui s'avance de 3 km dans la mer : nous sommes dans la banlieue de Boulogne.

Port et plage, Boulogne-sur-Mer

Sous-préfecture, station balnéaire, port de commerce et de voyageurs important et, surtout, premier port de pêche français, Boulogne-sur-Mer était déjà active au temps des Gaulois. Bâtie en oppidum à l'embouchure tranquille de la Liane, elle occupait une position stratégique : les Romains en firent le terminus d'une de leurs grandes routes. Aujourd'hui, l'agglomération est divisée en deux parties distinctes : la Haute-Ville, qui occupe, sur la colline, l'emplacement de l'ancien castrum gallo-romain et qui a gardé un cachet ancien, et la Basse-Ville, en grande partie reconstruite après la Seconde Guerre mondiale, qui se développe en bordure de mer et le long des quais de la Liane.

Calme comme il convient à un centre administratif, la Haute-Ville, avec ses riches demeures du XVIIIe siècle aux étroites façades tout en fenêtres, alignées le long des rues ombragées, est toujours enfermée dans l'enceinte de remparts élevée au XIIIe siècle. Rectangulaire,

de Godefroi de Bouillon, qui y fut inhumée et dont les reliques sont toujours conservées ; à *Réty*, une remarquable clef de voûte orne le chœur de l'église flamboyante.

Paysages, manoirs, églises : on ne saurait épuiser les charmes multiples du Boulonnais. ■

Au pays de Bernanos

À l'est de Berck et du Touquet, dans les terres, moutonnent les collines de l'Artois, un pays âpre, battu des vents, où l'écrivain Georges Bernanos passa une partie de son enfance et où il situa plusieurs de ses romans. Ces vallonnements, dont les hauteurs couronnées de forêts culminent à 200 m, servirent de cadre à la tristement célèbre bataille d'Azincourt où, en octobre 1415, une poignée d'Anglais brisa l'assaut désordonné de la fougueuse noblesse française. Larges, riantes, les vallées de la Canche, de la Planquette, de la Créquoise, de la Course, du Baillons et de la Ternoise accueillent les villages, qui s'y succèdent à la queue leu leu, au fil de l'eau. Pêcheurs près de la rivière, chasseurs à l'affût dans les marais, amateurs d'art dans les châteaux et les églises qui s'égrènent au fond des vallons, tout le monde trouve son compte au bord de ces aimables cours d'eau.

Sous le feuillage murmurant des forêts se cachent des trésors d'art religieux. À l'est d'Azincourt, à *Heuchin*, une église du XVIᵉ siècle s'ouvre par un beau portail roman. À *Fressin*, au bord de la Planquette, ce sont les belles arcades décorées de feuillages de l'église flamboyante

▲ *Cet ange plein de grâce, sculpté au XIIIᵉ siècle, orne l'église d'Humbert.*

Ancien donjon du palais comtal, le solide beffroi gothique
▼ *de Boulogne-sur-Mer.*

flanquée de tours et percée de quatre portes fortifiées, cette enceinte se rattache, à l'est, à un château massif, bardé de tours et entouré de fossés. Au cœur de la vieille ville, un beffroi à deux étages, dont la base carrée date du XIᵉ siècle, élève à 47 m une terrasse d'où l'on découvre un magnifique panorama sur les immeubles modernes de la Basse-Ville, le port, la Manche et le moutonnement des forêts de Boulogne et d'Hardelot.

On aperçoit surtout, dominant de près de 100 m les toits de la Haute-Ville, la coupole de la basilique Notre-Dame, élevée au siècle dernier sur l'emplacement des sanctuaires successifs qui, depuis le VIIᵉ siècle, vénèrent Notre-Dame de Boulogne. Il s'agit d'une Vierge miraculeuse, apportée d'Orient, selon la légende, par un vaisseau sans voiles ni matelots. But de pèlerinage pendant des siècles, la statue fut brûlée pendant la Révolution : il n'en reste qu'une main, enfermée dans un reliquaire. Chaque année, le deuxième dimanche après le 15 août, une procession parcourt les rues de la ville pavoisée, portant une copie de la statue détruite : c'est l'occasion pour les jeunes Boulonnaises de coiffer la seyante coiffe traditionnelle, plissée en soleil autour de la tête, et d'exhiber leurs tabliers de soie et leurs châles brodés.

Au pied du mamelon, l'atmosphère change : tout imprégnée de l'odeur du poisson frais, la Basse-Ville bourdonne d'activité. Déchargement des maquereaux, des morues, des merlans et surtout des harengs, vente de la pêche dans les grandes halles modernes, salaison et mise en conserve dans les usines : les 140 000 t de poisson déchargées chaque année font travailler Boulogne jour et nuit.

Les ports de commerce et de voyageurs (celui-ci est le deuxième de France) contribuent à animer la ville, mais celle-ci est aussi fréquentée pour ses propres attraits : une plage blonde, un casino, une piscine couverte, des jardins, une magnifique jetée-promenade, une kermesse gastronomique en juillet, et les souvenirs de Napoléon pour les passionnés d'histoire.

Natif de Boulogne, l'écrivain Sainte-Beuve la disait « ville impériale s'il en fut ». Dans le vallon de Terlincthun, au nord de la ville, un obélisque marque l'emplacement du trône de Napoléon lors de la cérémonie du 16 août 1804, la deuxième distribution de croix de la Légion d'honneur aux grognards (la première distribution avait eu lieu un mois plus tôt aux Invalides). Non loin de là, sur la falaise, face à un panorama à la mesure des ambitions du Petit Caporal, se dresse la colonne de la Grande Armée. Bâtie en marbre blanc provenant des carrières voisines de Marquise, elle commémore le « camp de Boulogne », où Bonaparte, à partir de 1801, massa des troupes destinées à envahir l'Angleterre. Il fit aménager le port de Boulogne pour abriter la flotte de débarquement, mais celui-ci n'eut jamais lieu, les navires ayant été coulés à Trafalgar.

Côte d'Opale. 15

▲ *Vues de la lande
du cap Gris-Nez,
les falaises de craie
du cap Blanc-Nez.*

décrite par Bernanos dans *Sous le soleil de Satan*. Une église flamboyante aussi à *Montcavrel* et, plus loin de la mer, deux magnifiques anges ailés à *Humbert*. À *Saint-Josse*, au sud d'Étaples, les pèlerins se retrouvent encore nombreux, le dimanche de la Trinité, pour la procession de la « Croix coupée »; à la fête religieuse se mêlent bals et manèges profanes, mais l'eau de la fontaine Saint-Josse, qui peut, dit-on, guérir toutes les maladies, réserve ses bienfaits à ceux qui ont fait un « bon pèlerinage ».

En flânant sur les remparts de brique rose de la vieille citadelle de *Montreuil,* sur la Canche, on domine les vertes collines environnantes et les toits bruns de la cité, aujourd'hui paisible. Ce fut pourtant, jadis, une importante place forte et un port

La Corniche de la Côte d'Opale

De Boulogne à Calais, une route touristique, baptisée « Corniche de la Côte d'Opale », longe les dernières grandes falaises de l'Europe occidentale : après, il n'y a plus que le « plat pays »...

La première valleuse — ici, on dit le premier « cran » — qui entaille la blanche muraille est l'embouchure du Wimereux, dans la baie de Saint-Jean. Toute proche de Boulogne, dont elle constitue une sorte de succursale balnéaire, la station climatique de *Wimereux* y aligne ses hôtels d'une autre époque. La plage longe la belle digue-promenade où, le soir, les estivants viennent voir le soleil se coucher dans la mer, entre la rade de Boulogne et les falaises du cap Gris-Nez. Un laboratoire de biologie maritime complète la panoplie habituelle des loisirs de vacances : golf, tennis, club nautique, cueillette des fruits de mer...

En remontant vers le nord, passé la Pointe-à-Zoie où débarqua le prince Louis Napoléon Bonaparte, futur Napoléon III, lors de son coup d'État manqué de 1840, on retrouve un îlot de dunes, au milieu duquel le pittoresque village d'*Ambleteuse* s'adosse à une colline, à l'embouchure de la Slack. Le vieux fort Mahon, bâti par Vauban, restauré par Napoléon Ier, domine la plage de sable et de galets, à l'extrémité de la digue d'où l'on aperçoit, quand le ciel est dégagé, le dôme de Notre-Dame de Boulogne et la colonne de la Grande Armée.

Non loin de là, le village de pêcheurs d'*Audresselles* est réputé pour ses crustacés et les coquillages de ses rochers. On peut s'en rassasier sans crainte : sur la haute digue, surmontée d'un vieux chemin de ronde, le grand air assure de vigoureuses promenades digestives...

Rongé par les flots, qui le grignotent inlassablement, le *cap Gris-Nez* (déformation de l'anglais « Craig Ness », cap des rochers) dresse son promontoire dénudé à 45 m de hauteur. Au pied, un chaos d'éboulis éclaboussés d'embruns a été surnommé les « Épaulards » parce qu'il ressemble à une bande de cétacés. Ici commence le pas de Calais, l'étroit chenal qui sépare la France de l'Angleterre. La côte, qui, depuis la baie de Somme, se dirigeait tout droit vers le nord, s'infléchit brusquement vers le nord-est, et la mer du Nord succède à la Manche. Du haut du phare qui se dresse dans la lande rase, balayée par des vents furieux, on découvre parfois la côte anglaise avec une telle netteté que l'on se croirait au bord d'un lac. C'est ici, dans la petite plage voisine de la Sirène, que les vaillants nageurs qui veulent traverser la Manche se mettent à l'eau pour une balade d'une trentaine de kilomètres...

À l'est du cap Gris-Nez, une baie magnifique s'incurve gracieusement, bordée de dunes désertes et frangée d'une des plus belles plages de France. Au centre de cette solitude, la station balnéaire de *Wissant* fut peut-être le *Portus Itius* d'où les Romains partirent à la conquête de l'Angleterre. Elle était en tout cas un port actif au Moyen Âge, car elle est citée à ce titre dans la *Chanson de Roland*. Aujourd'hui, les fins voiliers y voisinent paisiblement avec les lourdes barques de pêche, et les chars à voile sillonnent à plaisir les 12 km de sable qui séparent le cap Gris-Nez du cap Blanc-Nez. On vénère à Wissant une étonnante statue barbue, crucifiée... et vêtue d'une robe fleurie : sainte Wilgeforte, martyrisée au XIe siècle pour avoir refusé de se marier. Quand son père lui présenta un époux, elle demanda à Dieu que les piquants d'une barbe éloignent d'elle ses prétendants. Elle fut exaucée mais encourut la fureur de son père, et la statue pittoresque nous rappelle le triste sort de sainte Wilgeforte.

Dominant la plage doucement arrondie, dont le sable fin est si dur que les pieds s'y enfoncent à peine, la Corniche de la Côte d'Opale poursuit son chemin sur le plateau, dans le vaste quadrillage jaune et vert des cultures où les maisons se tassent pour donner moins de prise au vent. La route s'enfonce soudain dans une échancrure de la falaise, véritable ravin où se tapit le petit village d'*Escalles,* puis remonte par de multiples lacets sur les collines du cap Blanc-Nez.

Sommet de la côte des falaises, le *cap Blanc-Nez* culmine à 134 m. En le voyant, on est surpris de la comparaison avec un nez que sous-entend son nom, car il ne fait pas saillie dans la mer (il s'agit, en réalité, d'un mont et non d'un cap), mais la couleur de la falaise de craie semblerait justifier pleinement le qualificatif de « blanc » : erreur! Blanc-Nez est une déformation de l'anglais « Black Ness » — le cap noir —, sur l'origine duquel on se perd en conjectures... Face à la mer, un obélisque de granite a été dressé à la mémoire de la Patrouille de Douvres, la « Dover Patrol », qui défendit le détroit pendant la Première Guerre mondiale. En contrebas, les cris rauques des mouettes et le sifflement du vent se mêlent au grondement des vagues laiteuses, ourlées de nacre.

Et puis la route descend rapidement et rejoint la côte basse et plate qui borde la plaine de Flandre. À partir de là, l'arrière-pays n'est plus protégé de l'air marin que par un bourrelet de dunes ou par une digue de pierre, comme à *Sangatte,* où fut creusée la première ébauche du tunnel sous la Manche. L'ingénieur Mathieu avait conçu un projet qui fut soumis à l'Empereur au début du XIXe siècle; près de trois quarts de siècle plus tard, les travaux commencèrent, et des milliers de forages furent entrepris. On voit encore le puits profond d'où devait partir la galerie horizontale, à 55 m au-dessous du niveau de la basse mer.

Après Sangatte, invisible de la route derrière son cordon de dunes, l'immense plage se poursuit sans interruption jusqu'à Calais, en passant par la station balnéaire de *Blériot-Plage :* c'est d'ici que Louis Blériot s'envola lorsqu'il effectua, en 1909, la première traversée aérienne du pas de Calais.

▲ *Envahis par la végétation, les remparts de Montreuil, qui soutinrent jadis bien des sièges.*

animé. Des rois y séjournèrent. Louis XIV et Napoléon y firent étape. C'est là que Victor Hugo, dans *les Misérables*, installe Jean Valjean, quand l'ancien forçat devient l'honorable M. Madeleine. De la prospérité passée, que reste-t-il aujourd'hui dans ce port déchu qui a perdu jusqu'à son nom de « Montreuil-sur-Mer »? Des tours et des poternes de l'ancienne citadelle transformée en musée, une galerie flamboyante et fleurie dans la nef de l'église Sainte-Saulve, qui abrite aussi de belles toiles du XVIIIe siècle et un intéressant trésor, la légère dentelle de pierre du très joli porche de la chapelle de l'hôtel-Dieu, et de nombreux petits hôtels bourgeois qui témoignent de la richesse de la ville sous l'Ancien Régime : sur les gros pavés irréguliers de la « Carcassonne du Nord », on trouverait tout naturel

de voir paraître une calèche tirée par de solides chevaux du Boulonnais.

Également fortifiée jadis, *Hesdin* commande le confluent de la Canche et de la Ternoise. Rasée en 1553 par Charles Quint, la place forte fut rebâtie par lui un an plus tard. De cette époque datent le gracieux portail Renaissance de l'église Notre-Dame et l'ancien palais édifié pour la sœur de Charles Quint, Marie de Hongrie : transformé en hôtel de ville, il s'ouvre sur la place d'Armes par un superbe porche à colonnes, surmonté d'une bretèche, imposant balcon couvert orné de sculptures. L'intérieur, réchauffé par de belles tapisseries flamandes du XVIIe siècle, renferme une bibliothèque et un musée. Dans la ville, la Canche se divise en petits ruisseaux qui serpentent entre les vieilles maisons joyeusement

Chef-d'œuvre de Rodin, la tragique délégation des Bourgeois de Calais
▼ *devant le beffroi de la ville.*

Bourgeois et dentelles de Calais

L'origine du nom de Calais est incertaine, mais la prospérité de la ville, qui provenait de la pêche et du commerce avec l'Angleterre et la Flandre, remonte au XIe siècle. Quelques morceaux de remparts et une énorme tour de guet, insolite aujourd'hui au milieu d'un parking, évoquent encore la cité fortifiée du Moyen Âge. Après le désastre de Crécy, au début de la guerre de Cent Ans, l'abondance fit place à la misère qui s'installa au cours d'un siège de huit mois. Le siège s'acheva par la reddition de six bourgeois qui, « la hart au col et les

Côte d'Opale. 17

▲ *Marck, petite cité
de la plaine flamande
qu'un canal relie à Calais
et à Gravelines.*

fleuries de géraniums et reliées par de petits ponts en dos d'âne. Là naquit, en 1697, l'abbé Prévost, aussi esclave de ses passions que ses héros, qui écrivit une centaine de volumes dont un seul a résisté à l'épreuve des siècles : l'*Histoire du chevalier des Grieux et de Manon Lescaut*. En sortant de la ville sous la voûte feuillue de la promenade du Tour des Chaussées, le long du canal de la Canche, on rejoint vite, au nord, les grands arbres de la forêt d'Hesdin toute proche.

À l'est, sur la Ternoise, une autre citadelle fut ravagée à plusieurs reprises au cours des conflits qui opposèrent Français et Espagnols : *Saint-Pol-sur-Ternoise*, dont la dernière guerre a achevé de réduire à l'état de vestiges des remparts et des châteaux qui n'étaient déjà plus que des ruines. ■

Anguilles au vert et harengs chalutière

Tout au long de la Côte d'Opale abondent coquillages et poissons. Peut-être avez-vous eu la chance de débusquer un crabe au creux d'un rocher? Peut-être avez-vous dégusté des moules avec des frites et un bon demi de bière, dans un estaminet, ou une soupe de poissons, la « waterzoï », dans l'une des auberges d'un port? De toute façon, vous pourrez toujours vous offrir une petite bouffée d'air local en préparant, comme les gens du Nord y excellent, anguilles au vert ou harengs chalutière.

Pour cuisiner les anguilles « au vert », on découpe en petits morceaux des feuilles de bette, de laitue, d'oseille, et quelques poireaux. On les fait « fondre »

---

clés de la ville en leurs mains », s'offrirent en otage aux Anglais pour éviter le massacre de leurs concitoyens. Devant l'hôtel de ville néo-gothique en brique rouge, dont le beffroi s'élève à 75 m, un magnifique groupe de bronze, chef-d'œuvre de Rodin, rappelle ce tragique épisode; l'artiste a su rendre le caractère des personnages par l'attitude de chacun : résignation, fermeté, désespoir, humiliation... Le dévouement de ces malheureux inspira tant de pitié à la reine qu'elle obtint du roi d'Angleterre qu'ils aient la vie sauve.

Anglaise et puissante pendant plus de deux siècles, Calais accueillit Henri VIII lorsqu'il vint en France pour y rencontrer François Ier, à la fastueuse et inutile entrevue du Camp du Drap d'or, entre Ardres et Guînes. De cette période anglaise témoigne l'église Notre-Dame, seul édifice du style gothique Tudor en France. Libérée par le duc de Guise, la ville redevint française en 1558, mais s'endormit un peu à l'ombre de Dunkerque. Elle se réveilla au début du XIXe siècle avec l'introduction de quelques métiers à tulle par un manufacturier anglais. Ces métiers permettaient de fabriquer mécaniquement de la dentelle. Celle-ci connaissant une grande vogue, Calais s'agrandit, et, à l'heure actuelle, la dentelle fait vivre un tiers de la population de la ville.

Une bonne partie des deux autres tiers vit, directement ou indirectement, du port de voyageurs, le premier de France. Principal point de départ vers l'Angleterre, il voit passer chaque année plus de 3 millions de personnes. Toujours à la pointe du progrès, le port fut le premier, en 1928, à utiliser le car-ferry, et le premier, en 1966, à adopter le navire sur coussin d'air. Sur le quai de la Colonne plane une odeur de poisson frais, car Calais est aussi un port de pêche. Une zone industrielle s'étire vers l'est, tandis que l'ouest est réservé aux équipements de loisir : plage, base du yacht-club, port de plaisance où accostent les « quillards » et les dériveurs de toutes nationalités, et stade aménagé dans l'enceinte de la vieille citadelle.

Des fortifications au pied des dunes

Il faut espérer que les plans d'aménagement de la Côte d'Opale parviendront à maintenir à l'écart de l'urbanisation les plages romantiques dont le long ruban de moire se déroule au pied des dunes, entre Calais et Dunkerque. Une côte plate, solitaire, peuplée d'oiseaux de mer, dont les hommes ont fortifié les rares points d'accès.

Après *Marck,* où les Romains avaient édifié un castrum, après *Oye-Plage,* où subsistent les vestiges d'un château, l'ancienne place forte de *Gravelines,* sur l'Aa, étroitement ceinturée de remparts édifiés par Vauban au début du XVIIIe siècle, allie les charmes de la nature à ceux de l'histoire : les glacis sont plantés d'arbres, les fortifications sont aménagées en jardins fleuris, et le poisson abonde dans les anciens fossés. La citadelle pittoresque — l'« arsenal » — a conservé son corps de garde, et une curieuse citerne flanque la flamboyante église Saint-Willebrod. Le port, longtemps rival de Dunkerque, n'est plus qu'un modeste centre de pêche, de plaisance et de commerce.

L'Aa canalisé atteint la mer entre deux jetées. Au nord, la station balnéaire de *Petit-Fort-Philippe* est le paradis des amateurs de grandes dunes désertes et de pêche : sur l'estacade qui prolonge la jetée, les grands filets suspendus sont toujours prêts. En face, sur la rive gauche, le port de pêche de *Grand-Fort-Philippe* armait jadis pour l'Islande, et la bénédiction des navires par l'évêque, avant le départ des morutiers, constituait un émouvant spectacle. C'est maintenant le Carnaval qui donne le plus d'animation au pays; le soir du Mardi-Gras, feu d'artifice, bal et embrasement d'un géant éphémère attirent une foule nombreuse.

De l'église des dunes à l'usine des sables, Dunkerque

Fondée à l'embouchure de la Colme, emplacement idéal pour un petit port de pêche, Dunkerque, dont le nom signifie, en flamand, « église des dunes », prospéra jusqu'au Xe siècle, puis sa position stratégique lui valut une longue suite de déboires. Comtes de Flandre, ducs de Bourgogne, Espagnols, Anglais, Hollandais, Français se disputèrent la ville et l'occupèrent successivement, si ce n'est simultanément. Les combats de 1870 l'épargnèrent, mais les grandes guerres du XXe siècle lui furent particulièrement funestes : en 1945, Dunkerque était détruite à 85 p. 100.

Au centre de cette cité neuve, la statue du héros local, le célèbre corsaire Jean Bart, sculptée vers 1840 par David d'Angers, a miraculeusement survécu aux bombardements. De la vieille ville subsiste aussi, ultime relique du château des comtes de Flandre, la grosse tour octogonale du Leughenaer qui, depuis le XVe siècle, monte la garde sur le petit port, aujourd'hui port de plaisance. Le mot *leughenaer* signifie, en flamand, « faiseur de mensonges ». Pourquoi cette appellation? Signaux trompeurs émis volontairement par des corsaires ou par des naufrageurs, fausse alerte donnée par un guetteur distrait ou farceur? Le doute subsiste. Non loin de là, la tour massive du beffroi, symbole des libertés communales tôt acquises dans le Nord, s'amincit progressivement jusqu'à 58 m de hauteur. Incendié au cours de la dernière guerre, son carillon a été heureusement restauré. Aujourd'hui comme hier, ses 48 cloches jouent, sur quatre octaves, les ritournelles traditionnelles : *Talire, taloure* au premier quart, *le*

doucement dans une marmite avec un gros morceau de beurre, en tournant. On ajoute un verre d'eau salée, et on laisse mijoter doucement. Au bout d'une heure, on passe le tout à la moulinette et, sur la purée de légumes, on pose les anguilles de rivière, salées et poivrées, découpées en tronçons. On couvre et on laisse cuire à nouveau une heure. À la fin de la cuisson, on verse la purée de légumes dans un plat chaud, on y ajoute vivement deux jaunes d'œuf, et on décore avec les morceaux d'anguille.

À ce plat raffiné, certains préféreront sans doute les harengs préparés à la manière des marins à bord de leurs chalutiers : ils laissent mariner dans l'huile les filets de harengs saurs, qu'ils mangent ensuite avec des pommes de terre bouillies encore chaudes et une vinaigrette solidement moutardée. C'est ainsi qu'ils acquièrent les calories nécessaires pour affronter brouillards et tempêtes... ■

« À chacun s'in pain et s'in'hareing »

C'est grâce au petit poisson habituel des jours maigres que Boulogne a grandi et prospéré jusqu'à devenir le premier port de pêche français. Rien d'étonnant donc à ce que la ville ait adopté le hareng jusque dans sa devise. Arrivage, déchargement, criée, enlèvement, tri, conditionnement, salaison, expédition... Jour et nuit, des milliers de personnes — pêcheurs, dockers, saleurs, ouvriers des usines de conserverie — travaillent en compagnie de ce petit

▲ *Sur la côte de Flandre, Bray-Dunes, la plage la plus septentrionale de France.*

Un réseau de canaux permet aux péniches de pénétrer
▼ *jusqu'au cœur de Dunkerque.*

Carillon de Dunkerque à la demie, le *Reuze* au troisième quart, et la *Cantate à Jean Bart* à l'heure sonnante.

Lors des «Trois Joyeuses», c'est-à-dire le Mardi-Gras et le dimanche et le lundi précédents, un vent de folie souffle sur Dunkerque. Les «bandes de pêcheurs» investissent la ville, survivance folklorique des orgies auxquelles se livraient jadis les pêcheurs avant de partir pour leur long périple vers l'Islande. Maquillés, masqués, déguisés, les Dunkerquois défilent en brandissant de pittoresques parapluies et en hurlant, au son des fifres et des tambours, les airs du Carnaval : *As-tu connu Manoot'je?*, *Roul'ta boss'*, *mon père est bossu*, *Donne un zo à mon oncle Cô qui revient d'Islande* et l'inévitable *Cantate à Jean Bart*. Naturellement les géants locaux participent à la fête : Reuze, le terrible Viking devenu bon chrétien, sa femme, dame Gentille, et ses deux enfants, accompagnés de leurs gardes du corps aux noms directement issus du folklore flamand.

Mais Dunkerque, c'est avant tout un énorme complexe industrialo-portuaire, une forêt de grues, des hauts fourneaux d'où s'échappent des lueurs rougeoyantes, des pétroliers immenses, un tonitruant monstre d'acier, de fumées et de feu qui pousse sans cesse ses tentacules de béton sur le sable, mais qui fait vivre des milliers de personnes. En longeant la côte en bateau ou en flânant sur les quais, on découvre un univers de science-fiction, où l'homme fait à la fois figure de créateur titanesque et de victime minuscule.

Côte d'Opale. 19

cousin de la sardine et de l'alose qui, comme celles-ci, vit en bancs souvent immenses.

Le lieu de prédilection du hareng est un coin de mer dont le degré de salinité n'excède pas 34 p. 1000, à la température maximale de 14 ^{0}C. Lorsqu'il sort de l'œuf, le hareng ne mesure que 7 mm de long, et il sert de pitance à tous les plus gros que lui : parmi les myriades de poissons qui éclosent, bien peu atteignent la taille voulue pour se faire cueillir par un chalut près des côtes d'Islande ou d'Écosse, ou au milieu des bancs de Sandettie et de Vergoyer, dans la Manche, et pour aller rejoindre, dans les gigantesques chambres froides matelassées de laine de verre, des tonnes de leurs malheureux congénères.

C'est alors la grande mutation. Fendu tout du long et salé, le hareng devient « kipper »; nageant dans la sauce tomate, il est nommé « pilchard »; mariné et roulé autour d'un cornichon, le corps traversé d'un bâtonnet, il s'appelle « rollmops »; très salé, voici le hareng « vrai »; peu salé, voilà le hareng « doux ». Salé, puis séché à la fumée, c'est le hareng « saur », parfois baptisé « gendarme ».

Depuis des millénaires, les hommes se nourrissent de harengs : on en a retrouvé des fossiles dans les cavernes préhistoriques. Les Romains les découvrirent lorsqu'ils s'apprêtaient à envahir l'Angleterre depuis nos côtes. Par la suite, ils rapportèrent chez eux ce poisson inconnu. Saint Wilfrid et les bénédictins du Moyen Âge furent les grands propagandistes de ce poisson de carême, dont le transport aisé permettait aux contrées les moins poissonneuses de faire chrétiennement abstinence. Au XIIe siècle, le hareng faisait déjà de Boulogne un des principaux ports du royaume et, cent ans plus tard, la comtesse d'Artois demandait, dans son testament, que soient distribués un pain de douze livres et un hareng à chaque pauvre... qui assisterait à son enterrement. Aujourd'hui, surnommé « jambon de Boulogne », le hareng, qui contient autant de protéines que le bœuf, davantage de sels minéraux et beaucoup de vitamines C, demeure un des aliments de base des populations du Nord. ∎

Les plages les plus septentrionales de France

De Dunkerque à la frontière belge — et bien au-delà — une immense plage s'étire d'un seul trait, menaçant de son sable l'entrée des ports qui se défendent par un dragage incessant.

Malo-les-Bains, station balnéaire créée au XIXe siècle par l'armateur Gaspard Malo, est devenue le quartier élégant de Dunkerque. Au bord de la longue digue carrelée, une rangée de cabines en toile claire, alignées comme les tentes d'un camp romain, tournent le dos à la mer et au vent trop vif. Venus des grandes cités du Nord, les « trains de plaisir » y déversent une foule de travailleurs sevrés d'air pur. Baignade, écoles de voile, dancings, équitation permettent d'oublier les soucis. Marée après marée s'efface, sur le sable, le souvenir de 1940, quand, du 29 mai au 4 juin, 350 000 soldats anglais et français s'embarquèrent sous le feu ennemi.

Derrière la plage, les dunes deviennent de plus en plus larges, de plus en plus hautes à mesure que l'on s'éloigne vers le nord-est. Elles protègent les petits jardins potagers et les grands champs de chicorée, mais le sable s'envole sous la fougue du vent chargé de sel qui le fait tourbillonner en poussière blanche. Les rares arbres qui lui résistent sont déplumés et tordus. La forêt est absente, et les maisons blanches à toit rouge qui s'égrènent le long de la côte sont, elles aussi, marquées par le vent : avec le sable son complice, il creuse dans leurs murs mille striures légères, semblables aux rides de la mer.

Jadis, des villages entiers disparurent, engloutis par l'assaut des dunes mouvantes, noyés dans les tempêtes de sable. *Zuydcoote,* après avoir été dévastée en juin 1940, au cours de la dramatique péripétie de la bataille de Dunkerque, fut ainsi ensevelie en une nuit. Seul son clocher, la « tour des Sables », émergeait encore; dynamité par les Allemands, il disparut à son tour en juin 1943. Mais des oyats aigus ont été plantés partout; accrochés au sable, ils retiennent maintenant les dunes trop fugaces, et la station a été rebâtie.

Commune frontière, *Bray-Dunes* fut fondée, à la fin du siècle dernier, par un armateur dunkerquois, Alphonse Bray, qui fit bâtir, dans un petit hameau, une église, une mairie et une école. Par les dunes, on peut aller acheter quelques cigares en Belgique...

20. Côte d'Opale

petites cités
en terre de Flandre

◄ À la lisière de la forêt
de Clairmarais,
la ferme, vestige
d'une ancienne
abbaye cistercienne.

Le Hofland Meulen ►
de Houtkerque,
l'un des plus vieux
moulins d'Europe,
remonterait au XIIe siècle.

Les Moëres,
jadis lagune insalubre,
aujourd'hui fertile étendue
▼ sillonnée de canaux.

En partie gagnée sur la mer,
la Flandre étale, sous un ciel mélancolique,
de vastes paysages mouillés
d'où émerge de-ci de-là
la haute silhouette d'un moulin.
Dans cette plantureuse campagne où l'eau,
guidée par un réseau serré de canaux,
favorise la fécondité du sol,
partout se lit la ténacité
d'une population
que l'histoire n'épargna guère.

2. Petites cités en Flandre

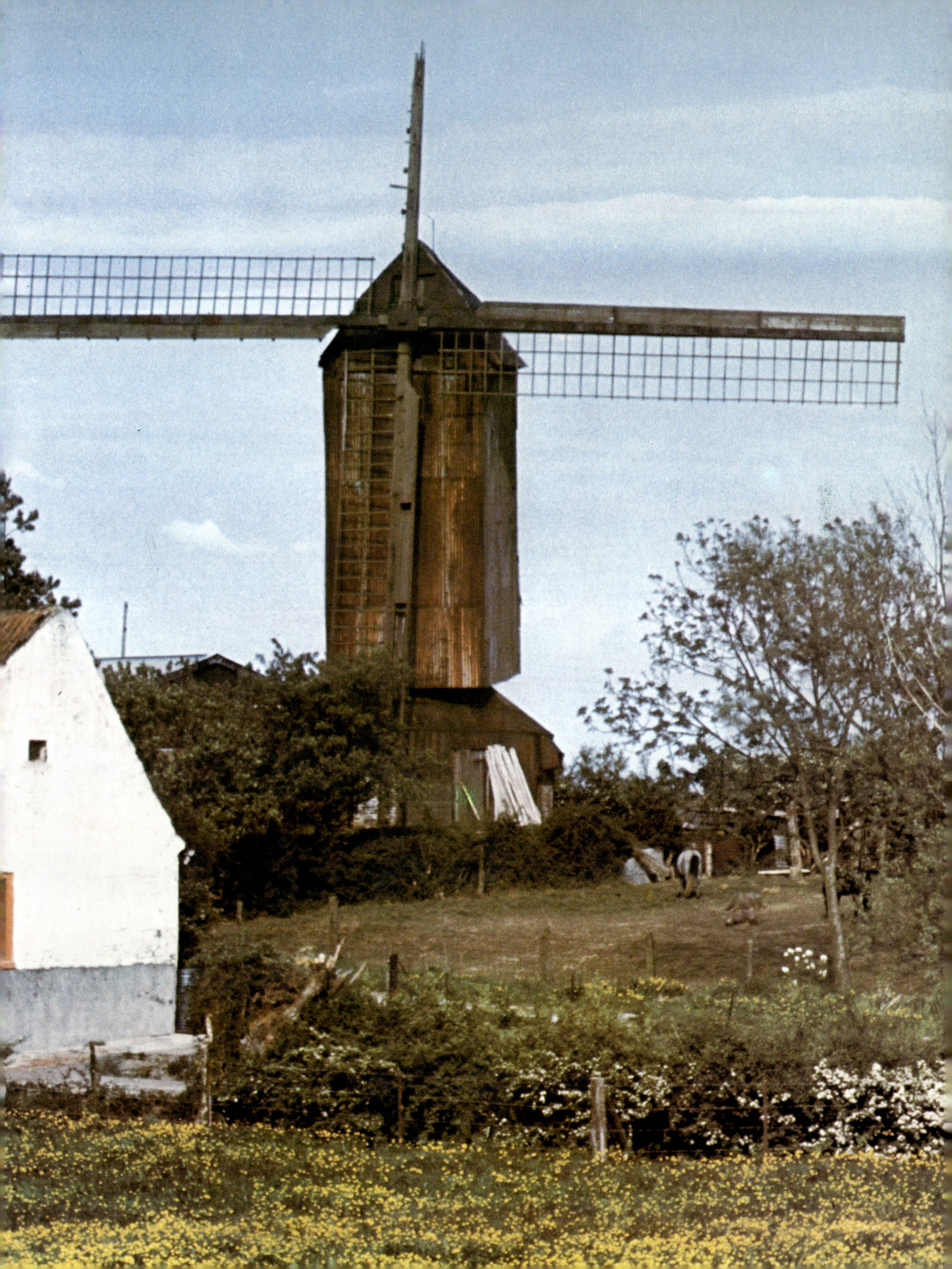

▲ *Champs et maison les pieds dans l'eau :
le hameau de la Redoute,
au bord de la Grande Clémingue.*

▲ *Entre des maisons basses de style flamand,
l'Aa canalisé traverse
le faubourg du Haut-Pont.*

*Au pays des watergangs, Saint-Omer prend des allures de Venise.
Son marais est devenu un pittoresque damier
où d'innombrables chemins d'eau enserrent des îlots portant hameaux, fermes ou jardins maraîchers.*

6. Petites cités en Flandre

◄◄ *Esquelbecq,
bourg paisible sur l'Yser,
est typiquement flamande
avec ses pimpantes maisons
à toits de tuiles sombres.*

◄ *Une architecture simple
et sans ostentation,
à la fois gaie
et fonctionnelle
(Hazebrouck).*

*Se mirant dans les eaux
de l'Aa canalisé,
à Saint-Omer,
une coquette maison peinte
▼ comme les aime le Nord.*

*Dans ce «plat pays»,
les maisons sont isolées ou groupées en petites cités.
Leurs murs se parent de chaudes couleurs,
leurs nombreuses fenêtres,
par où la lumière coule à flots,
s'ornent de rideaux d'une blancheur éclatante.*

Petites cités en Flandre. 7

▲ *Bergues : le long du
canal de la Colme,
qu'enjambe le pont Saint-Jean,
un bel ensemble de vieilles maisons.*

*Dans le Blooteland, pays conquis sur l'eau,
ou dans le Houtland,
« pays au bois » dominé
par la ligne des monts de Flandre,
les bourgades flamandes,
chargées d'histoire,
semblent vivre hors du temps,
fidèles à leur passé et à leur décor d'autrefois.*

Vu des hauteurs de Cassel, ▲
le mont des Récollets
se détache au-dessus des
horizons sereins du Houtland.

Silhouette familière de ▶
la Flandre maritime,
le moulin à vent
de Hondschoote.

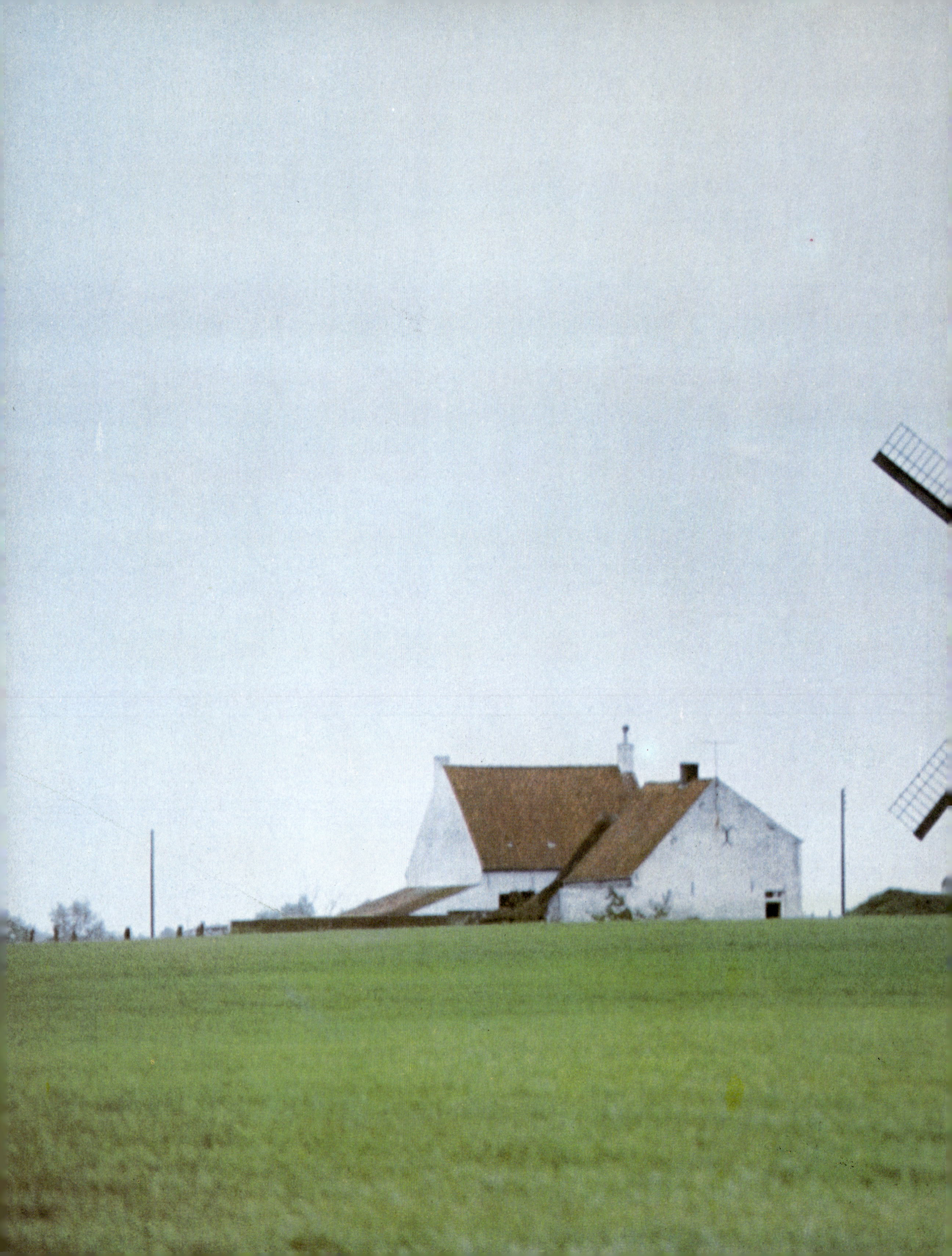

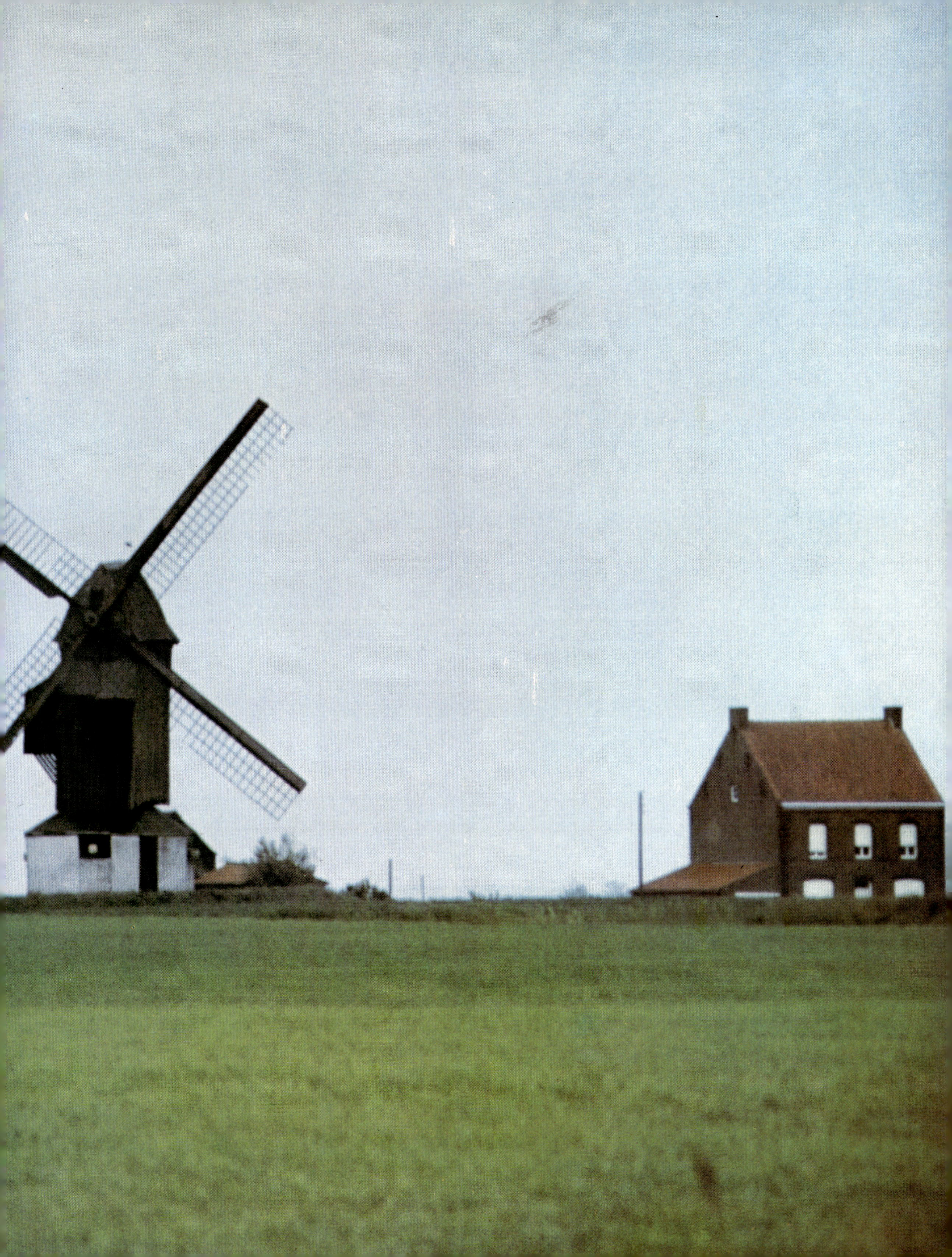

▲ *Émergeant d'une grasse campagne, la petite ville de Hondschoote, dominée par la haute tour de son église-halle.*

De la mer du Nord aux fertiles plateaux du Hainaut et du Cambrésis, au nord des collines de l'Artois, la Flandre étale, à cheval sur la France et la Belgique, des paysages humides éclairés par le ciel « gris de cristal » cher à Rimbaud. À l'ouest, c'est le *Blooteland,* le « pays nu », la vaste plaine maritime ouverte aux vents du large, région de cultures et de pâturages sur laquelle veillent, dans le lointain, Calais et Dunkerque. Plus à l'intérieur des terres, c'est le *Houtland,* le « pays au bois », planté de peupliers, de saules et d'ormes, dont les horizons, agréablement ondulés, s'ordonnent d'ouest en est sur un alignement de buttes sableuses, les monts de Flandre, « montagnes » qui n'atteignent pas 200 m. Villages et fermes émaillent ces campagnes plantureuses où partout se lit le travail acharné de l'homme, qui dut conquérir une partie de la plaine, toujours menacée par l'eau. « Terre » à l'époque romaine, où le littoral correspondait à peu près à celui d'aujourd'hui, la Flandre maritime devint « marine » au IVe siècle, lorsque l'eau salée avança jusqu'à Saint-Omer. Puis la mer recula, laissant derrière elle l'immense lagune des Moëres, devenue depuis un « polder ».

De cette nature difficile, le Flamand a su se faire une alliée. Le « plat pays » était pauvre : abondamment engraissé, il s'est paré de belles cultures. L'eau regorge de partout, la pente des rivières est faible : une intense circulation fluviale s'est organisée. Le vent est violent : son énergie est utilisée par des moulins. Le climat porte à la mélancolie : les fêtes sont nombreuses, débordantes de gaieté.

Cette aptitude à vaincre l'adversité a permis à la Flandre, dont Michelet écrivit qu'elle était le « rendez-vous des guerres », de toujours se relever. Et, si elle garde les traces des innombrables batailles dont elle fut le théâtre, ne furent jamais entamés cette dignité, ce courage, ce goût du labeur qui, de part et d'autre d'une artificielle frontière, cimentent l'unité du « peuple flamand ».

La Flandre des canaux

De la colline qui, dominant la petite bourgade de *Watten* d'à peine 72 m d'altitude, est le premier maillon du chapelet des monts de Flandre, le regard s'étend à l'infini sur la plaine du *Blooteland.*

Qui parle de monotone platitude? Chemins de fer, routes et canaux découpent le joyeux désordre des cultures de lin, de colza et de betteraves. À l'ouest, la forêt d'Éperlecques pose sa tache bleutée; au sud, se profilent la tour carrée de la basilique Notre-Dame et la flèche de pierre de l'église du Saint-Sépulcre de Saint-Omer. Ici, un tracteur rouge; là, des roseaux d'argent; ailleurs, des piquets de bois à l'air penché. Les verticales des poteaux télégraphiques répondent à celles d'une rangée de peupliers, les pieds dans l'eau. Un léger moutonnement de terrain interrompt brusquement le trait bleu du canal, que l'on retrouve un peu plus loin. Des maisons parsèment le paysage par groupes de deux ou trois, quelquefois si basses qu'un profond sillon suffit à les cacher, et parmi les couvertures de tuiles verdies par l'humidité apparaît parfois un vieux toit de chaume rapiécé.

Disposant de peu de bois (le frêle ormeau suffit à peine à confectionner charpentes, portes et volets), de peu de pierre (tout juste permet-elle de daller un seuil ou d'encadrer une riche fenêtre), les Flamands ont bâti avec l'argile, cuisant tuiles et briques. Pour lutter contre le vent, l'habitation s'est plaquée au sol, s'étirant en longueur sans jamais s'élever, et s'est entourée, dans la campagne, d'une haie de buis qui la protège. Pour combattre son autre ennemi, l'eau, la base est badigeonnée d'un enduit goudronné qui fait barrage à l'eau souterraine comme au rebondissement de la pluie. En outre, un large toit débordant coiffe la maison, qui abrite jusqu'aux tracteurs, carrioles et brouettes en tout genre. Jamais une herbe ne se glisse entre deux briques ou entre deux tuiles; ici, l'on surveille attentivement les joints des murs et des toitures, car du bon entretien extérieur dépend l'indispensable confort du foyer. Peut-être cela explique-t-il cette habitude de peindre et repeindre les façades?

Sur la longue façade basse de la demeure flamande, les fenêtres s'étalent, se multiplient pour faire pénétrer au maximum un soleil parcimonieux. Les encadrent soit des volets de bois aux couleurs acidulées, ajourés vers le haut de souples motifs décoratifs, soit, le plus souvent, des volets roulants. Mais on ne peut parler de ces fenêtres sans évoquer leurs rideaux. De toutes tailles, de toutes textures, et... d'une perpétuelle fraîcheur, comme si l'on venait de les suspendre. Rarement ils voilent totalement l'ouverture, laissant fréquemment place, en bas, à de vigoureuses plantes vertes.

Chaleureuse maison où la lumière pénètre à flots, éclabousse des parquets luisants et des meubles de chêne ciré avant de se perdre dans les poils épais d'un profond tapis ou parmi les coussins ventrus d'un large fauteuil. Et il faut voir aux musées de Bailleul, d'Hazebrouck, de Saint-Omer ou de Bergues les reconstitutions de cuisines flamandes aux cheminées immenses bourrées d'ustensiles en cuivre ou en étain, de faïences raffinées et de poteries populaires.

Mais qui parle de climat rebutant? L'air est vif, pas méchant, sain. Le vent siffle dans les herbes. Étourneaux, colombes et mouettes se partagent le ciel, où les nuages jouent avec l'ombre et la lumière. Dans les trous des chemins, des flaques d'eau miroitantes illuminent la terre sombre. Cela a son charme.

Qui parle de paysage industriel? À peine distingue-t-on à l'horizon, noyées dans la brume, les tours des grandes cités. Un pont dégingandé, la tour d'un moulin, un carrefour de canaux balisé comme un croisement routier apportent leur note typiquement

12. Petites cités en Flandre

Au pays des moulins à vent

« C'est un coup d'œil bizarre et pittoresque que cette forêt de moulins qui s'offrent à la vue, lorsqu'on arrive de Lille, du côté de la France », notait un voyageur en 1827. Il n'en reste presque rien aujourd'hui : les guerres, les incendies, les tempêtes, les techniques nouvelles ont considérablement réduit le nombre de ces curieux édifices. À peine en subsiste-t-il une vingtaine en état de marche ou susceptibles d'être restaurés. Mais, par bonheur, des associations s'acharnent depuis quelques années à sauver les derniers moulins de la région, ces géants qui, de leurs bras gigantesques, volent sa puissance au vent pour aider l'homme à moudre son grain ou à pomper l'eau.

Dans le paysage flamand, il existe deux sortes de moulins : le moulin « hollandais », à tour cylindrique de pierre ou de brique, portant une toiture sur laquelle sont montées les ailes (au moyen de la queue, on fait tourner la toiture pour placer les ailes dans le sens du vent); le moulin « flamand », sur pivot, dont les quatre murs de bois et les ailes tournent pour être orientés : c'est le type le plus ancien, le plus répandu, mais aujourd'hui le plus fragile.

De ce style, le Noord Meulen de *Hondschoote* est le plus bel exemple. Il dresse sa haute silhouette carrée au-dessus de la plaine et des champs de blé. Deux petites annexes accrochées à ses flancs lui donnent une allure pittoresque. La fille du dernier meunier détient la grosse clef du moulin, immobilisé depuis 1959. À

▲ *Le Noord Meulen de Hondschoote, bâti en 1127 : sa cabine de bois repose sur un pivot de pierre.*

Dans les monts de Flandre, au sommet du mont Watten, se dresse une tour gothique,
▼ *vestige d'un monastère disparu.*

flamande. Les canaux, innombrables, ne sont jamais envahis par les roseaux qui les bordent, et leurs boues de drainage se mêlent au fumier pour engraisser les champs. Un coup de vent ride leur miroir, fait frissonner roseaux et saules. Le cri d'un coq, une querelle d'oiseaux. Et... un grand calme.

« On dit que Bergues est mort. C'est pas vrai... »

Ainsi dit la chanson. Au milieu de cette Flandre maritime, la petite ville de *Bergues* est le symbole de l'obstination flamande. Vers l'an 700, saint Winoc, qui cherchait dans cette région un lieu pour fonder un ermitage, choisit naturellement la « plus haute » colline, le Groënberg — la « montagne verte » —, dominant les marécages alentour. À cette situation, Bergues doit d'avoir été, au fil des siècles, sans cesse assaillie, prise et reprise par les armées de tout bord qui se disputaient sa possession; mais, toujours, elle renaquit de ses ruines. Elle fut enfin rattachée à la France par le traité d'Aix-la-Chapelle, en 1668. Vauban renforça alors ses fortifications et lui donna sa physionomie actuelle.

Avec leurs tours, leurs bastions, les remparts protègent désormais la vie tranquille de la cité. Les barques des pêcheurs et les Pédalos des vacanciers glissent sur l'eau dormante des douves et des fossés, qu'habitent carpes et tanches. Des rues paisibles pénètrent l'enceinte

Petites cités en Flandre. 13

sa suite, on peut grimper l'escalier de bois et pénétrer au cœur du moulin où la grosse meule à blé reste prête à travailler — tout comme les deux meules plus rudimentaires qui, au niveau supérieur, moulaient des céréales pour les animaux. Il suffit d'un rien d'imagination pour sentir frémir le moulin sous le souffle du vent, pour respirer l'odeur du grain. L'histoire du moulin se lit sur ses planches : chaque fois qu'une pièce a été changée, la date y a été mentionnée. Ainsi la plus ancienne poutre remonte-t-elle à 1127, et la dernière réparation à 1946.

« Bonne est la force, meilleur est le génie. » Cette devise, gravée en italien sur une poutre, résume merveilleusement l'ingéniosité déployée dans l'organisation du moulin. Les sacs de grain étaient montés grâce à la puissance éolienne. Le simple poids du grain le faisait glisser dans une trémie puis dans l'auger, enfin entre les deux lourdes pierres de la meule, où, devenu farine, il s'écoulait de lui-même dans des sacs. Ici ou là, percés dans les murs, des hublots permettaient, en observant la fuite des nuages, de suivre les variations du vent : le meunier, poussant la longue queue du moulin, le réorientait alors dans le bon sens. Et des toiles déployées sur les ailes permettaient de recueillir le moindre souffle d'air. ■

Les hésitations de l'Aa

Alors que la Canche, l'Authie et la Bresle filent vers la mer par le chemin le plus court, l'Aa change plusieurs fois de direction. Né à Bourthes (*bort* signifie « source »), le

▲ *Élégante bâtisse au pignon baroque, construite par Wenceslas Coebergher, le mont-de-piété de Bergues abrite actuellement un musée.*

Les cultures des Moëres reflètent le travail ardu et méthodique
▼ *de l'homme de Flandre.*

fortifiée par l'élégante porte de Hondschoote, la porte de Bierne, qui date du Moyen Âge, la porte de Cassel, ornée d'un soleil — emblème de Louis XIV —, et la porte de Dunkerque.

Sur le tertre ombragé du Groënberg se dressent la tour Bleue (XIIe-XIIIe s.) et la tour Pointue (rebâtie en 1815), vestiges de l'abbaye bénédictine Saint-Winoc. À l'intérieur des murailles bat le cœur de Bergues : derrière les façades irrégulières des vieilles maisons du pont Saint-Jean, autour des grandes places où se tenaient jadis foires et marchés. La silhouette élancée du beffroi moderne veille sur l'ensemble. En 1944, les Allemands firent sauter l'ancien beffroi, qui passait pour le plus ouvragé et le plus beau du Nord; les habitants le remplacèrent par une tour de 54 m de hauteur, inspirée de l'ancienne, avec appareil de briques jaunes, dites « de sable », tourelles d'angle et campanile octogonal de bois, où un carillon de 39 cloches égrène, comme par le passé, les vieux airs flamands.

Non loin du beffroi s'élève un bel édifice, étonnante adaptation du style baroque italien à la brique flamande. Son haut et large pignon s'ordonne comme une façade « jésuite » avec fronton contourné, volutes, pilastres et fenêtres aveugles. Une double rangée de lucarnes s'ouvre dans son toit démesuré. C'est l'œuvre (1629-1633) de Wenceslas Coebergher, qui fut à la fois le responsable de l'assèchement des Moëres et l'instigateur des monts-de-piété en Flandre catholique. Jusqu'au XIXe siècle, là était installé le mont-de-piété. Devenu musée, ce bâtiment abrite encore l'austère registre des dépôts et des retraits et les innombrables montres et oignons que des propriétaires nécessiteux ne purent jamais retirer. Plusieurs grandes salles sont consacrées aux œuvres de peintres flamands, italiens, hollandais et français de grand renom. Dans les combles du musée, deux salles d'histoire naturelle conservent des milliers de papillons et d'oiseaux empaillés.

Riche de ses souvenirs, Bergues demeure fidèle à ses traditions et s'anime régulièrement de manifestations pittoresques : ducasse, concerts de l'harmonie et de la chorale, tir à l'arc, lâchers de pigeons, concours de canaris et même, en novembre, de betteraves sculptées.

Au royaume des polders

S'étendant au nord et au nord-est de Bergues, à quelques kilomètres de Dunkerque, tout au bout de la France, et jusqu'à Furnes, en Belgique, les *Moëres* (prononcez Mouares) demeurent l'enjeu perpétuel de la lutte acharnée menée par l'homme contre la mer. Au Moyen Âge, lorsque la mer se retira à nouveau, elle abandonna peu à peu une immense lagune intérieure, au fond plus bas que la marée haute. Les propriétaires de ces marécages s'associèrent pour pratiquer l'assè-

fleuve dévale d'abord les collines de l'Artois, guilleret, serpentant dans son lit trop large entre saules et buissons. Au milieu de chemins creux et de petits champs séparés par des haies, bien plantées sur leur soubassement de silex ou de brique, les fermes, basses, souvent en torchis, se parent de couleurs fraîches. Des clins de bois protègent les murs les plus exposés au vent et à l'humidité. Dans le prolongement des fermes, les porches servent de grenier.

Moulins et viviers jalonnent le cours de l'Aa, et des petites bourgades s'inscrivent dans ce paysage bucolique. *Fauquembergues* possède une église du XIIIe siècle qui a fière allure avec sa tour carrée à mâchicoulis. À peine en aval, l'église de *Merck-Saint-Liévin* domine le fleuve de sa puissante tour surmontée d'une flèche ajourée. Dans la nef qui prolonge le chœur à voûte étoilée, une chaire Louis XV en bois sculpté veille sur les vieilles chaises aux coussins de velours rouge. Sur les fonts baptismaux repose un lourd couvercle de fer en forme de cloche. Plus loin, à *Esquerdes*, l'église, en partie romane, semble s'enfoncer dans le sol sous le poids de son clocher du XIIe siècle. À proximité, une grosse tour ronde d'origine médiévale dresse son toit d'ardoise au-dessus des bâtiments d'une ferme. Puis, en contournant Saint-Omer au fil de l'Aa, on découvre bientôt l'ancienne abbaye cistercienne de *Blendecques*, fondée au XIIe siècle. Ne subsistent que des bâtiments reconstruits au XVIIIe, dont un colombier assez grand pour accueillir tous les pigeons du Nord — ce qui semble tout

▲ *Dans la verdoyante vallée de l'Aa, l'église de Merck-Saint-Liévin et son clocher flamboyant prolongé par une flèche ajourée.*

La tour élancée de l'église de Hondschoote est la seule partie du sanctuaire
▼ *que n'a pas détruite l'incendie de 1582.*

chement et le drainage, constituant des groupements baptisés *wateringues*. Pompant les eaux, créant des écluses qui profitaient des marées basses pour évacuer les eaux saumâtres, ils gagnèrent du terrain, mais ne parvinrent pas à assécher deux vastes lacs de niveau inférieur à celui des basses eaux. C'est seulement au XVIIe siècle que Wenceslas Coebergher réussit à transformer ces zones insalubres en pâturages et en cultures. Autour des Moëres, il creusa un canal et une digue sur laquelle il établit vingt moulins. Vers 1630, plus de cent fermes occupaient ce nouveau territoire.

Quinze ans plus tard, tout fut à recommencer : assiégés à Dunkerque, les Espagnols rompirent les digues. Au milieu du XVIIIe siècle, le comte d'Hérouville tenta, sans y parvenir, de reconquérir toutes ces terres en installant de puissants moulins de pompage dont il ne subsiste, près du village des Moëres, qu'une tour avec une vis d'Archimède de deux mètres de diamètre. En 1826, le desséchement était enfin achevé... jusqu'à la dernière guerre où les terres furent de nouveau inondées.

Aujourd'hui, dans un paysage absolument plat, les cultures s'étendent sans limites, coupées de fossés parallèles où l'eau affleure souvent. Seules lignes verticales : les poteaux télégraphiques, les tours d'anciens moulins, le clocher des *Moëres* — unique bâtiment du village qui ait résisté à la Seconde Guerre mondiale —, quelques arbres tordus par le vent et les ponts métalliques basculants dont les planches tapent quand on les franchit. Près des fermes, éparpillées dans le gigantesque réseau de fossés et de canaux (*watergangs*), les sacs d'engrais témoignent de l'effort régulier de l'homme pour bonifier la terre trop imprégnée de sel. C'est un paysage austère qui respire pourtant l'opulence.

Hondschoote la victorieuse

Au sortir de la sévère beauté géométrique des Moëres, la petite bourgade de *Hondschoote* vous accueille, toutes fleurs ouvertes. Sur sa Grand-Place, encadrée de maisons flamandes aux teintes acidulées, deux imposants édifices témoignent de la grandeur passée : l'église et l'hôtel de ville.

Depuis le XVIe siècle, l'église, de type « église-halle », dresse vers le ciel d'opale sa longue flèche de pierre ajourée, une des plus hautes de Flandre. Sa sobre architecture contraste avec les lambris intérieurs : réchauffant la nef de leurs hautes boiseries sculptées, ils enveloppent dans leurs courbes les confessionnaux, dont mille volutes dissimulent les austères fonctions. Occupant tout le fond du sanctuaire, le large buffet d'orgue, de style baroque flamand, en forme de lyre, est porté par deux belles colonnes.

Petites cités en Flandre. 15

▲ *Cette ferme d'Esquerdes,
petite bourgade de la vallée de l'Aa,
a conservé un bâtiment médiéval
flanqué d'une tour.*

naturel dans une abbaye dédiée à sainte Colombe.

En arrivant dans la plaine d'Arques, le fleuve a perdu de sa fougue. Au confluent de l'Aa canalisée et du canal de Neuffossé reliant l'Aa à la Lys, *Arques* est depuis longtemps une ville industrieuse et marchande. Jadis rivale de Saint-Omer, elle subit les représailles des drapiers audomarois pour avoir fabriqué sous leur marque des draps de qualité inférieure. À ces contraintes s'ajoutèrent au long des siècles les fréquentes exactions d'envahisseurs pour lesquels Arques était une proie facile sur la route de Saint-Omer.

Dans cette région dont la richesse doit beaucoup aux canaux, la navigation était autrefois freinée par le franchissement de sept écluses sur le canal de Neuffossé. En 1887, celles-ci furent remplacées par l'« ascenseur des Fontinettes », système hydraulique fonctionnant comme une balance, et dont les deux plateaux étaient deux énormes sas pleins d'eau. Il suffisait de rajouter quelques dizaines de mètres cubes d'eau dans le sas supérieur pour provoquer l'ascension du sas inférieur et permettre ainsi l'élévation des péniches sur une hauteur de 13 m. En 1967, la mise au gabarit international du canal Dunkerque-Béthune-Douai-Denain a nécessité le remplacement de cet ascenseur par une écluse géante. ■

Près du Camp du Drap d'or

Aux confins de la plaine flamande et au pied des collines du Boulonnais, entre Saint-Omer et

Au XIVe siècle, un privilège fut accordé par le comte de Flandre aux fabricants de serge de Hondschoote, leur permettant d'apposer sur leurs produits un sceau particulier qui en garantissait la qualité. Le bourg, qui groupait 3 000 ateliers pour une population de 28 000 habitants, devint un centre florissant dont la renommée franchit les frontières : son étoffe de laine légère — la sayette — était expédiée par Bruges vers la Baltique, le Levant et même les Amériques. Mais guerres de Religion et guerres de conquêtes s'acharnèrent contre l'industrieuse bourgade, qui ne compta plus que 2 000 âmes au milieu du XVIIe siècle. Redevenue cité prospère, au XVIIIe siècle, grâce aux commerces du bois, du tabac et du lin, Hondschoote fut à nouveau ravagée en 1793 par la célèbre bataille qui sauva la France de l'invasion : le général Houchard, commandant en chef de l'armée du Nord, y battit l'armée anglaise du duc d'York. Dans la grande salle du conseil de l'hôtel de ville, élevée en 1558, un tableau évoque la scène. Près de lui, une trentaine de vieux fusils (ceux de la bataille peut-être?) sont alignés. Sous les poutres énormes du plafond, à près de 5 m de haut, les petits carreaux des fenêtres à meneaux diffusent généreusement une lumière dorée. Dans le hall d'entrée, la glorieuse histoire de la ville se lit sur les murs, entre des portraits baroques de femmes aux noms charmeurs : Zénobie, Jocaste, Lucrèce, Debora, Monine... Dehors, sur le dallage inégal, bosselé par les ans, la vie continue dans la cité, qui tend à devenir l'aimable résidence des travailleurs de Dunkerque.

Une cité silencieuse : Saint-Omer

« Triste petite ville perdue dans le mélancolique et séduisant paysage des watergangs », ainsi Pierre Mac Orlan parlait-il de *Saint-Omer*, ville de contact entre les hauts plateaux crayeux de l'Artois et la vaste dépression flamande, au confluent de l'Aa et du canal de Neuffossé. Elle est née dans une boucle du fleuve, autour de l'abbaye Saint-Bertin, fondée au VIIe siècle par Omer, un moine de Luxeuil qu'avait envoyé Dagobert pour évangéliser le pays. Est-ce la proximité du tombeau du saint ou la situation géographique, favorable à la batellerie, qui contribua au développement de la ville? En tout cas, artisans de la laine et marchands se rassemblèrent sur la colline que l'on pouvait facilement fortifier. Comme bien d'autres cités, Saint-Omer joua, à la fois, un rôle militaire, religieux et commercial; elle en porte les traces architecturales — seules les fortifications de Vauban furent démolies au XIXe siècle pour céder la place à des boulevards. À l'industrie de la laine et des draps vinrent s'ajouter l'importation du tabac et sa préparation, entraînant la fabrication de pipes en terre, pipes à têtes de personnages historiques ou grotesques, célèbres dans

*L'un des paisibles
chemins d'eau
de Saint-Omer,*
▼ *dans le quartier du Doulac.*

le monde entier, et dont le musée Sandelin abrite une belle collection. D'autre part, les moulins à eau se multiplièrent sur l'Aa, favorisant l'essor de la papeterie.

Au fil des rues paisibles de la vieille ville, on s'attend à tout moment à rencontrer l'une de « Ces dames aux chapeaux verts », sur

16. Petites cités en Flandre

Calais, la région d'Ardres et de Guînes évoque, par ses étangs et ses forêts, celle de Clairmarais. Les marécages, soigneusement drainés, sont devenus des prairies, frangées de roseaux, et les grands immeubles de Calais et de Gravelines ferment l'horizon.

Grâce à son lac, la vieille cité d'*Ardres*, autrefois fortifiée, est devenue un agréable centre de villégiature qu'apprécient amateurs de voile et pêcheurs. La grand-place, à maisons anciennes, et une magnifique allée bordée de tilleuls séculaires contribuent à son attrait. Au moment du carnaval, la petite ville s'anime. La « Belle Roze », géante en robe à paniers et aux romantiques boucles blondes, préside la fête. En 1653, cette fille d'aubergiste permit qu'Ardres demeurât française en avertissant le gouverneur que le régiment de Rambures, en garnison dans la cité, avait décidé de livrer la ville aux Espagnols. Les traîtres furent massacrés et Françoise Roze devint une héroïne. Autre prétexte à réjouissances, le pèlerinage qui, en été, attire de nombreux fidèles à l'église Saint-Omer : elle abrite la statue de Notre-Dame-de-Grâce, invoquée depuis le Moyen Âge pour ressusciter, le temps qu'on les baptise, les enfants morts-nés.

Beaucoup plus paisible est la bourgade de *Guînes,* avec sa vaste forêt (785 ha), qui couvre le rebord septentrional des collines du Boulonnais. Pourtant, jadis capitale d'un puissant comté — fief des Anglais deux siècles durant (1352-1558) —, elle connut des fastes étonnants. C'est en effet dans son château (sur le tertre qui le portait se

▲ *Dans la basilique Notre-Dame de Saint-Omer, l'étonnant groupe sculpté du « Grand Dieu de Thérouanne ».*

les lieux mêmes où Germaine Acremant, originaire de Saint-Omer, fit vivre ses héroïnes. Rue de Calais, une façade, encadrée de pilastres ioniques, est ornée de guirlandes fleuries et de balcons Louis XV. Rue de Dunkerque, au-dessus d'un balcon en fer forgé, une fenêtre s'entoure de sculptures de pierre où se mêlent coquilles, volutes et feuillages. Sur la place Maréchal-Foch, l'ancien bailliage est un bel édifice Louis XVI, décoré de guirlandes. L'hôtel Sandelin, construit en pierres blanches selon la pure symétrie classique, mérite visite tant pour la grâce de ses bâtiments entre cour et jardin que pour les trésors qu'il renferme, notamment un portrait de Saint-Just par Greuze et des œuvres de primitifs flamands. Dans une des deux ailes, parmi les sculptures médiévales de bois, d'albâtre et d'ivoire, le pied de croix de Saint-Bertin, chef-d'œuvre d'orfèvrerie du XIIe siècle, occupe la place d'honneur. En outre, des collections de céramiques régionales se mêlent à des faïences de Delft, de Rouen, de Moustiers, de Francfort, de Lunéville... Prodigieuse variété d'origines, d'époques et de coloris dans un somptueux écrin de boiserie et de mobilier de style.

« Mélancolique en fin d'hiver, ta cathédrale, ô Saint-Omer, est un fantôme au bout des champs qui lève sur son front de pierre l'or et le mauve des couchants. » Ainsi Paul Fort décrit-il la basilique Notre-Dame, qui abrite les reliques de saint Omer. Juché sur une butte, l'ample vaisseau (100 m de long, 23 m de large), édifié progressivement au cours des époques gothiques, est surmonté d'une solide tour carrée, haute de 50 m, dont la partie supérieure, percée de baies géminées, s'achève par une plate-forme à quatre tourelles d'où le guetteur surveillait les alentours. Dans le bras gauche du transept, une étonnante horloge astronomique marque, depuis 1558, les heures, les minutes, les jours, les saisons, ainsi que la position de la lune et du soleil au-dessus de Saint-Omer. À droite de l'horloge, trois statues du XIIIe siècle retiennent l'attention : le Grand Dieu de Thérouanne, assis entre la Vierge et saint Jean l'Évangéliste agenouillés. L'ensemble surprend par ses proportions curieuses : mais c'est qu'il appartenait à la décoration de la cathédrale de Thérouanne, anéantie par Charles Quint, et avait été conçu pour être placé à 20 m de hauteur : le sculpteur compensa les déformations de la perspective par des variations dans les proportions des corps.

Non loin de la basilique, le musée Henri-Dupuis est installé dans un bel hôtel du XVIIIe siècle, à l'origine demeure du généreux donateur qui légua, à la fin du siècle dernier, ses importantes collections : 2 500 oiseaux naturalisés présentés dans des vitrines reconstituant leur cadre de vie, de la glace des banquises au marais audomarois, ou aux paradis tropicaux; une époustouflante série de coquillages (25 000 au total !). La cuisine flamande qui fut celle du collectionneur est à elle seule un musée des traditions domestiques, avec son immense cheminée tapissée de carreaux de faïence de Saint-Omer, de Desvres et de Delft, et ses objets usuels d'étain, de cuivre et de fer forgé.

D'un bout à l'autre de l'année, en été surtout, fêtes et manifestations se succèdent dans la vieille cité. Dans les grandes occasions, des géants se joignent à la foule : Mathurin, le célèbre jacquemart de l'ancien poste de guet, le maraîcher Baptistin, né en 1952, Pedro et sa

Petites cités en Flandre. 17

▲ *L'hôtel Sandelin, qui évoque le Saint-Omer aristocratique du XVIIIe siècle, conserve de belles céramiques.*

femme Carmen, la belle Lise, née en 1956, le guerrier Tutu drapé dans sa cape, mort en 1940 et ressuscité en 1954. Fin mai, pendant la ducasse, on jette des poupées du haut de l'hôtel de ville à la mémoire des « Dames aux chapeaux verts ». Tout l'été, concours de tir à l'arc, de pêche et de belote, courses de vélos et courses hippiques, feux d'artifice et bals populaires se relaient de quartier en quartier. Et, le dernier dimanche de juillet, plusieurs milliers de spectateurs suivent le cocasse défilé de vieux tacots, montés sur les barques à fond plat des maraîchers, traditionnel cortège nautique sur les watergangs, récemment remis à l'honneur.

La « Venise du Nord »

Aux portes de Saint-Omer, l'Aa s'empêtre dans un piège spongieux de quelque 3 000 ha. L'organisation de ces marais par le creusement de *watergangs* est récente : c'est seulement en 1900 que 11 communes voisines de Saint-Omer se regroupèrent en wateringue. Les faubourgs du Haut-Pont et de Lyzel s'y sont établis. Des passerelles enjambent les canaux, qui font office de rues. On se déplace en bateau pour aller chez l'épicier du village, au café ou chez son voisin. Cette résille de canaux est constamment sillonnée par les barques plates, à la proue relevée, des maraîchers et des pêcheurs. Les premiers ont transformé le sol en de fertiles jardins où poussent en abondance artichauts et choux-fleurs. Les seconds ont trouvé un paradis dans ces chemins d'eau qui regorgent de gardons et de tanches, de carpes et de brèmes, d'anguilles et de brochets. Il y a peu de temps encore, des cohortes de Lillois et de Roubaisiens débarquaient à la gare de Saint-Omer, bardés de gaules, d'épuisettes et de paniers. Aujourd'hui, l'automobile a remplacé ces « trains de pêcheurs ». Pour quelques francs, on loue une barque à l'un des quatre embarcadères et l'on s'en va flâner parmi nénuphars et roseaux, sur la Grande Meer, le fossé Saint-Bernard, le Scoubrouck ou le Zieux. Si le poisson n'a pas mordu à l'hameçon, on pourra toujours se consoler en dégustant les célèbres anguilles au vert ou la friture du marais dans une auberge proche. Et on aura au moins pu rêver en écoutant le cri rauque des oiseaux aquatiques qui hantent ces lieux, car le marais de Saint-Omer est un relais important d'oiseaux migrateurs.

À la limite orientale des watergangs, la forêt de Clairmarais invite à la promenade dans ses hautes futaies de chênes. En 1128 fut fondée dans ce massif giboyeux et poissonneux (il y avait alors 7 étangs) une abbaye bénédictine qui, douze ans plus tard, passa à l'ordre de Cîteaux. Il n'en reste plus aujourd'hui que quelques vestiges, prisonniers des puissants murs d'enceinte d'une ferme, ainsi que deux arches monumentales et un pan de mur au milieu d'une prairie.

dresse aujourd'hui la tour de l'Horloge) que résida Henri VIII au moment de la célèbre entrevue du *Camp du Drap d'or* (1520). François Ier logeait alors à Ardres, et les deux souverains se rencontrèrent à mi-distance des deux cités pour tenter de s'allier contre Charles Quint. L'échec de ces négociations fut aussi éclatant que le luxe prodigué de part et d'autre (le camp comportait un « palais de cristal » du côté anglais, une tente de drap d'or doublée de velours bleu du côté français). ■

Dentelles de Bailleul

Au-dessus de la porte de l'école, une inscription, *le Retour au foyer*, donne le ton. Depuis une cinquantaine d'années, elle fonctionne grâce à la donation d'un riche Américain, sir William Nelson Cromwell, qui avait dû garder en souvenir de la guerre de 1914 des dentelles de Bailleul.

Dans la petite classe, où trône un vieux poêle à charbon, sur les chaises des élèves, impeccablement alignées, est posé le travail commencé, soigneusement protégé par une cotonnade. Devant les chaises, des pieds montés sur crémaillères permettent, quelle que soit la hauteur des genoux de la dentellière, de maintenir le coussin à l'horizontale (sans quoi les fuseaux, entraînés par leur poids, rouleraient et s'emmêleraient inextricablement). Pendant les vacances de Noël, de Pâques et celles des mois d'été, ainsi que chaque mercredi, quarante demoiselles de six à dix-sept ans viennent s'asseoir là.

L'ancienne chapelle des Jésuites, à Cassel : une architecture baroque de briques et de pierres
▼ *savamment mêlées.*

18. Petites cités en Flandre

Sur le carreau joufflu de la dentellière, rembourré de foin, les fuseaux de buis sont soigneusement maintenus par des épingles de cuivre. En bas du carreau, une toile permet de faire glisser plus vite le fuseau; à l'autre extrémité, un logement est prévu dans le carreau pour serrer les mètres d'ouvrage achevés, soigneusement enroulés. Le modèle est dessiné sous le travail sur un carton rigide (jadis un parchemin en peau d'âne).

La tradition de la dentelle remonte dans la légende. Une demoiselle de Bruges perdit un jour son fiancé, tué à la guerre. Dans la dernière lettre qu'il lui écrivit, il avait glissé une algue ramassée sur une plage lointaine. Pour garder à jamais ce souvenir de l'homme qu'elle aimait, la jeune fille imagina de reproduire avec des fils de coton les mille et une nervures de cette plante. C'est ainsi qu'entre les doigts de la demoiselle de Bruges naquit la dentelle à la main. En 1664 s'ouvrait à Bailleul la première école de dentelle aux fuseaux; à la fin du XIXe siècle, près d'un millier d'élèves fréquentaient les huit établissements de la ville. Aujourd'hui, le vieux poêle de la dernière classe semble bien près de s'éteindre... ■

Une table plantureuse

Toujours placée sous le signe de la bière, blonde et mousseuse à souhait, la cuisine du Nord est injustement méconnue des gourmets.

Le *lapin de garenne aux pruneaux* (ou aux raisins); le *pigeon aux cerises;* le *ramequin douaisien* (mélange de rognons hachés, de mie de pain trempée dans du lait, de fines herbes et d'œufs, dont on farcit des petits pains ensuite passés au four); les *jets de houblon à la crème,* accompagnés d'œufs pochés et de petits croûtons sautés au beurre; la *carbonade* (morceaux de bœuf braisés dans une sauce à la bière, rehaussée d'oignons et d'épices); les *macaronis douaisiens,* préparés avec du jambon, du fromage, du blanc d'œuf battu en neige; le *potje flesh* (pâté de veau, poule, lapin, agrémenté de lard); le *chou rouge à la lilloise,* relevé d'oignon, de clous de girofle, de muscade râpée et de gros poivre; la *waterzooï,* qui agrémente un mélange de poissons d'eau douce d'une sauce épicée onctueuse; ou, enfin, l'*anguille au vert* que l'on mange froide ou chaude, dans sa sauce au vin et aux herbes... Voilà bien des spécialités dignes de faire les belles heures des repas de Flandre.

Mais c'est le *hochepot,* qui fait voisiner dans une même marmite de terre vernissée des morceaux de bœuf, de mouton, de veau et un pied de cochon avec tous les légumes du pot-au-feu, que l'on pourrait désigner comme « plat national » flamand.

Il serait injuste d'omettre de ce palmarès des fromages, souvent de haut goût et de forte odeur, fabriqués dans la région : le *vieux-Lille,* qui s'apparente à la mimolette; le *puant macéré,* sorte de maroilles fermenté, spécialité odorante de Béthune; le *cœur d'Arras,* puissamment parfumé; le *mont-des-Cats,* fromage à pâte pressée non cuite que fabriquent les trappistes du mont des Cats et qui est, en fait, du

Autour de l'étang d'Harchelles, blotti au creux d'un vallon, en pleine forêt, une zone de silence protège les flâneries du promeneur et la vie animale.

Le pays des bois et des monts

En s'éloignant de la mer, insensiblement, le paysage commence à onduler, les vallonnements s'accentuent, les vallées se creusent, les cultures changent. Voici les hautes perches des houblonnières, puis les grandes feuilles très vertes du tabac. Une rangée de collines marque la limite de l'ancien rivage que venait lécher la mer il y a bien longtemps. Nous sommes dans le *Houtland,* le « pays au bois ».

Ce pays, pourtant, n'est guère boisé. Çà et là, quelques bouquets d'arbres sur le versant trop incliné d'une colline, un bosquet autour d'une ferme, une haie vive le long d'un pâturage, en bordure d'un chemin creux, une allée de peupliers conduisant à une riche demeure. Sol et climat avaient doté la région d'une épaisse forêt; mais, dès le Moyen Âge, la population devint si nombreuse qu'elle dut défricher, essarter, diviser la terre en petits lopins, l'engraisser en pratiquant l'alternance des cultures pour ne jamais laisser le sol à l'abandon et obtenir de temps à autre deux récoltes sur un seul champ.

La période des récoltes s'étend sur plusieurs mois, n'accordant aucun repos au cultivateur. Dès juin, la première coupe des trèfles et la récolte de la pomme de terre précoce; début juillet, l'arrachage du lin et la cueillette des pois verts; puis viennent les grandes moissons : l'orge, l'avoine et le blé. À la fin août suivent les haricots frais et les pois secs. L'automne commence avec les féverolles et le houblon; puis, plus tard, la récolte des haricots secs, des betteraves et de la chicorée. Avec l'arrachage des dernières pommes de terre dans les pluies et les brouillards de septembre, s'achève le calendrier des récoltes. Depuis quelques années, aux cultures trop peu rentables du lin ou du colza s'est substitué l'élevage, qui accentue encore le caractère bocager du pays. Il contribue aussi à transformer les fermes, qui multiplient les dépendances autour d'une cour en fer à cheval. Moins dispersées que dans la plaine maritime, elles se regroupent souvent en petits villages et il est impossible, où que l'on soit, de ne pas apercevoir deux ou trois clochers à l'horizon.

D'ouest en est s'étire le chapelet des monts de Flandre : mont de Watten, mont Cassel, mont des Récollets, mont des Cats, mont Noir et, juste de l'autre côté de la frontière, mont Rouge et mont Kemmel. Ces buttes de gravier et de sable, vestiges de l'ancien plateau raviné, déblayé par les eaux, furent, à cause de leur position stratégique, le théâtre de sanglantes batailles. Ainsi, au cours de l'histoire, Cassel, établie sur le mont du même nom, fut détruite et restaurée quatre fois,

Magnifique exemple du style flamand de l'âge baroque : le couvent des Augustins, ▼ *à Hazebrouck.*

Petites cités en Flandre. 19

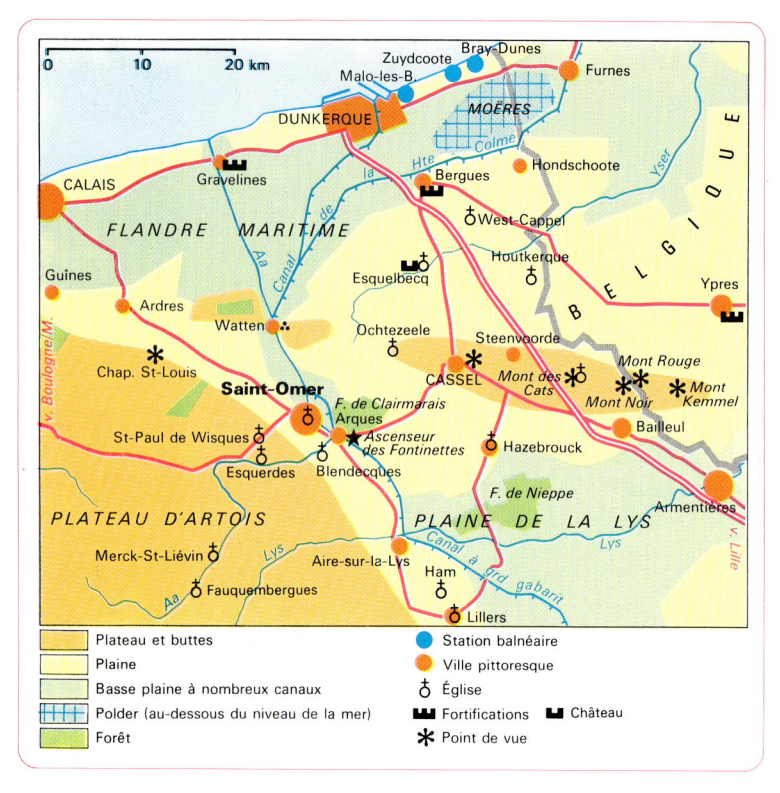

saint-paulin; le *bergues*, pâte demi-dure ou molle, préparée avec du lait écrémé et que l'on lave à la bière chaque jour au cours de la période de maturation.

Et il ne faut pas oublier une multitude de pâtisseries et douceurs (pour bercer le p'tit Quinquin, la dentellière du Nord lui promettait du pain d'épices, du sucre autant qu'il en voudrait, et « une coquille avec du chirop qui grille », soit un petit pain fourré de mélasse). Ni cette eau-de-vie de genièvre qui parachève tout repas. ∎

En termes du cru...

cense : ferme à cour, qui tourne le dos à la rue
ducasse : « kermesse », fête patronale (fête de la Dédicace) propre aux communes de Flandre (également de l'Artois et du Hainaut)
guilde, gilde ou ghilde : au Moyen Âge, association confraternelle, puis économique, réunissant marchands ou artisans exerçant une même profession
hallekerk : « église-halle » très fréquente en Flandre maritime; le vaisseau comporte plusieurs nefs parallèles d'égale hauteur; un clocher-porche précède le sanctuaire
moëres : mot flamand signifiant « marais ».
ringslot : canal de ceinture établi par Wenceslas Coebergher autour de la lagune insalubre des Moëres
watergang : « voie d'eau », c'est-à-dire le fossé ou canal qui borde un marécage
wateringue : groupement pour le drainage des zones placées au-dessous du niveau de la mer. ∎

---

incendiée neuf fois, assiégée douze fois! Au mont des Cats, un mémorial est érigé en souvenir des 7 000 Canadiens qui y ont été tués lors de la Grande Guerre.

À une trentaine de kilomètres de la côte (il sert d'amer), isolé au milieu de la plaine, le mont Cassel s'offre comme un étonnant observatoire. Du haut de ses 176 m, on découvre le pays sur plus de 60 km à la ronde, jusqu'à Bruges, Dunkerque, l'Artois et les dunes du Boulonnais. Sur la terrasse de l'ancien castellum des Ménapiens, qui couronnait le mont, on peut visiter le Castel Meulen, réplique contemporaine du vieux moulin de bois du XVIe siècle, incendié en 1911. Bâtie à flanc de coteau, la petite ville de *Cassel* charme par sa grand-place, tout en longueur, au contour aussi irrégulier que ses pavés, par ses rues étroites et tortueuses, par ses vieux logis de briques peintes et ses deux églises, l'une ogivale (la collégiale Notre-Dame), l'autre baroque (l'ancienne chapelle des jésuites). Dans le bel hôtel de la Noble Cour (XVIe-XVIIe s.), autrefois siège de la magistrature de la châtellenie et dont la façade de pierre surprend en cette région, le musée réunit, entre autres, les souvenirs des guildes d'archers, d'arbalétriers.

Une terre toute de sagesse et de folie

Aujourd'hui capitale industrieuse du Houtland, installée sur la Bourre, *Hazebrouck* n'était, au Moyen Âge, qu'un modeste village du « marais au lièvre » dont elle tire son nom (*haze* = lièvre, *brouck* = marais). Ce fameux lièvre court encore dans les armoiries de la ville. Très tôt, les habitants se regroupèrent en guildes de toutes obédiences : brasseurs, boulangers, tisserands, charpentiers, arbalétriers... La confrérie Sainte-Anne, en particulier, fut à l'origine d'une chambre de rhétorique célèbre pour sa virulence et ses querelles avec Steenvoorde, sa voisine. Ce goût traditionnel de la retrouvaille est encore si vif que la ville ne compte pas moins de 69 sociétés : chorales, fanfares, majorettes, cercles philanthropiques, tireurs à l'arc, à la carabine, colombophiles, coureurs cyclistes.

On ne quittera pas Hazebrouck sans avoir admiré l'ancien couvent des augustins, de conception flamande, qui abrite aujourd'hui un musée, ainsi que l'église Saint-Éloi, beau sanctuaire à trois nefs construit en briques au XVIe siècle, la splendide grille des fonts baptismaux aux feuillages d'or (XVIIIe s.), des boiseries du XVIIIe et des tableaux de l'école flamande.

À l'est de Hazebrouck, au-dessus du cours de la Becque, *Bailleul*, reconstruite en briques jaunes dans le style flamand après la Grande Guerre, a élevé la fête au rang d'institution. Chaque année, les réjouissances carnavalesques s'emparent des rues : ce ne sont que cortèges de chars fleuris derrière Gargantua, quatrième du nom — symbole d'une population qui aime bien vivre, bien manger, bien boire —, le fameux docteur Francisco Picollissimo et ses fabuleuses interventions, les « grosses têtes » et les célèbres « quêteurs » qui, depuis plus d'un siècle, sollicitent la générosité des bonnes gens au profit des nécessiteux de la commune.

Reposons-nous de la joyeuse folie du carnaval dans les paisibles salons du musée Benoît De Puydt : les fauteuils bourgeois d'autrefois, les épais tapis d'Orient, les tapisseries anciennes, les objets précieux, tout ici respire l'aisance. Les secrétaires flamands ajoutent aux secrets de leurs tiroirs les illusions de leurs kaléidoscopes. L'un se couvre d'écaille rouge, un autre de fresques mythologiques... Parmi les collections de faïence et de porcelaine, une place particulière est faite au pot à bière figuratif : Jacquet assis sur son tonneau et Jacqueline dans sa robe multicolore sont aussi pansus que pouvaient l'être leurs propriétaires.

Mais file le vent, file le temps! Le vieil Hofland Meulen, près de Houtkerque, domine à peine la douce campagne environnante de sa maigre carcasse grise, moussue. Depuis qu'il a perdu une aile en 1970, ce moulin a cessé de tourner. Il demeurera célèbre par le dicton flamand que l'on peut y lire : « Puise à ton avantage et crains le jugement de Dieu! », précepte d'une morale sévère.

En revanche, à *Steenvoorde,* un peu au sud, sur un affluent de l'Yser, le Steene Meulen est en parfait état de marche; il fabrique toujours de la mouture pour les animaux. Comme les voiles d'un navire, ses toiles sont soigneusement enroulées sur les ailes. On peut grimper dans la haute tour de brique jusqu'à sa calotte pivotante et couverte d'ardoise. Au centre du village, la grand-place séduit par ses maisons bariolées typiquement flamandes, où il est bien difficile de distinguer les récentes des plus anciennes : l'architecture et les matériaux sont les mêmes et elles n'ont jamais cessé d'être parfaitement entretenues.

À une trentaine de kilomètres de Steenvoorde, le château d'ardoise et de brique (1610) d'*Esquelbecq*, entouré d'eaux vives par l'Yser, dresse sa fière silhouette. Ici et là, un détail rappelle que nous sommes bien en Flandre : un pignon à redans, de sobres motifs de pierres blanches qui parent la brique.

Au nord-est de là, chaleureusement lambrissée, l'église de *West-Cappel*, au puissant clocher-porche, date du XVIe siècle. Les vitraux éclaboussent la nef de lumière, éclairent la pierre tombale d'une nonne, Ludwine Van Cappel, couchée là depuis 1420. À l'entrée du village, le château somnole parmi de grands arbres, simple façade classique sous un toit d'ardoise percé de lucarnes. Une balustrade romantique aux colonnettes de pierre domine les anciennes douves. C'est un havre de calme qui porte à la rêverie.

en Flandre
des villes à beffrois

Au pays des terrils et des corons,
dans ce Nord où partout s'exprime
le dur labeur des hommes,
s'élèvent de fières cités honorées par l'histoire.
Sur la brique et sur la pierre,
se lit la délicatesse ornementale
de la Renaissance ou la fantaisie
architecturale du baroque.

◀ Le beffroi de Béthune
avec ses échauguettes d'angle
et sa loge du guetteur.

▲ La logette en encorbellement
du Bailliage d'Aire-sur-la-Lys,
d'où l'on publiait les proclamations.

▲ *Après la Première Guerre mondiale,
Béthune retrouva une Grand-Place
dans le style flamand traditionnel.*

Villes flamandes. 3

*Toutes ces villes, dont le négoce
fit l'opulence, continuent de vivre à l'ombre de leur beffroi,
symbole d'une liberté conservée au prix de maintes luttes.
Malgré les douloureuses cicatrices laissées par les guerres,
leur sont restés de beaux ensembles de maisons flamandes,
d'élégants hôtels aux façades sculptées,
un étonnant foisonnement d'œuvres d'art.*

4. Villes flamandes

◄ *Arras, place des Héros :
le bel ensemble flamboyant
que forment le beffroi
et l'hôtel de ville.*

▲ *Arras : la décoration baroque
de l'ostel des Poissonnyers
ou maison des Sirènes.*

◄ *Arcades et pignons à volutes,
la Grand-Place d'Arras.
À l'arrière-plan,
l'église Saint-Jean-Baptiste.*

Villes flamandes. 5

▲ *Le goût du baroque pour les volutes et une abondante ornementation se révèle dans la conception de la chapelle du Grand Séminaire à Cambrai.*

*Églises et abbayes sont à l'honneur.
Des sanctuaires de style classique,
aux lignes sobres et rigoureuses,
des monuments baroques,
aux contours capricieux,
rehaussés de décorations et de moulures,
y évoquent l'univers religieux
des XVIIe et XVIIIe siècles.*

*Notre-Dame de Cambrai, ▶
élevée au Siècle des lumières
et remaniée depuis.
Accolée à l'église,
une tour de 1876.*

6. Villes flamandes

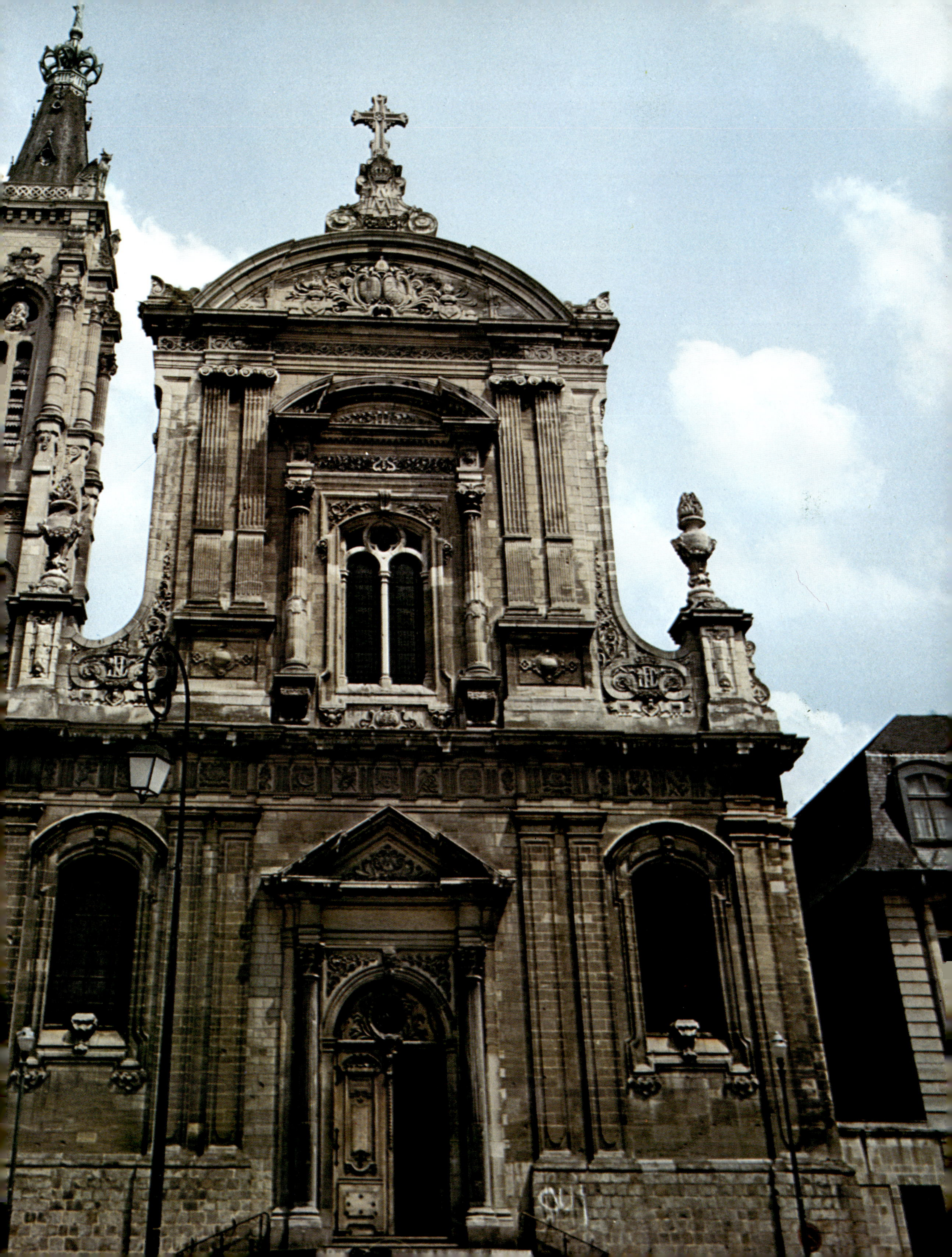

◀ *L'ancienne Bourse de Lille,* ▶
bel exemple de baroque flamand :
brique et pierre pour la façade,
riche décor sculpté pour le porche.

**La tutelle espagnole inspira à la Flandre
un penchant pour les motifs ornementaux
et les fioritures.
Bossages et pilastres, guirlandes et mascarons
donnent aux édifices une note presque chaleureuse,
qui rompt avec l'image traditionnelle
d'une contrée austère.**

Cour à arcades ▶▶
et statue de Napoléon :
l'ancienne Bourse de Lille.

8. Villes flamandes

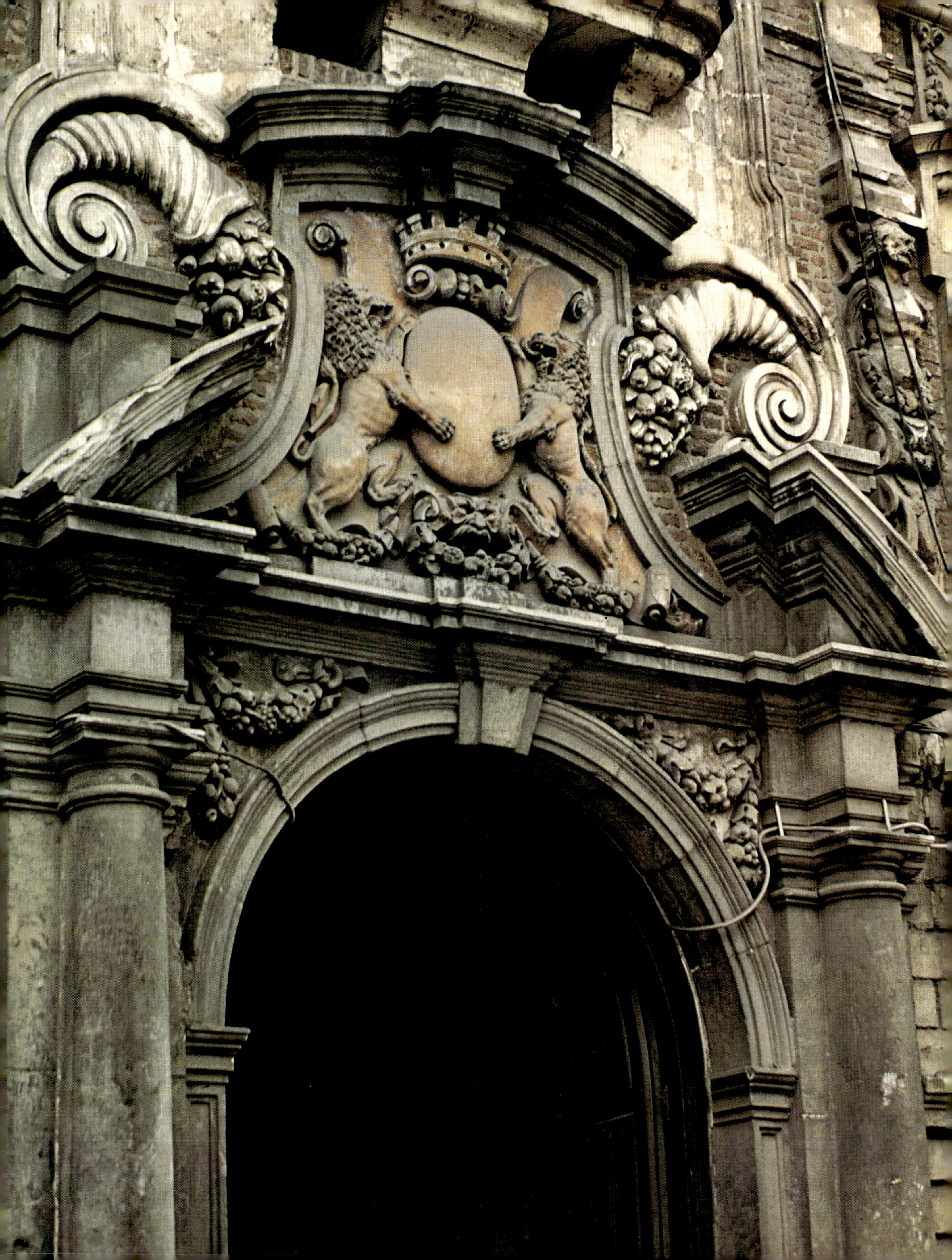

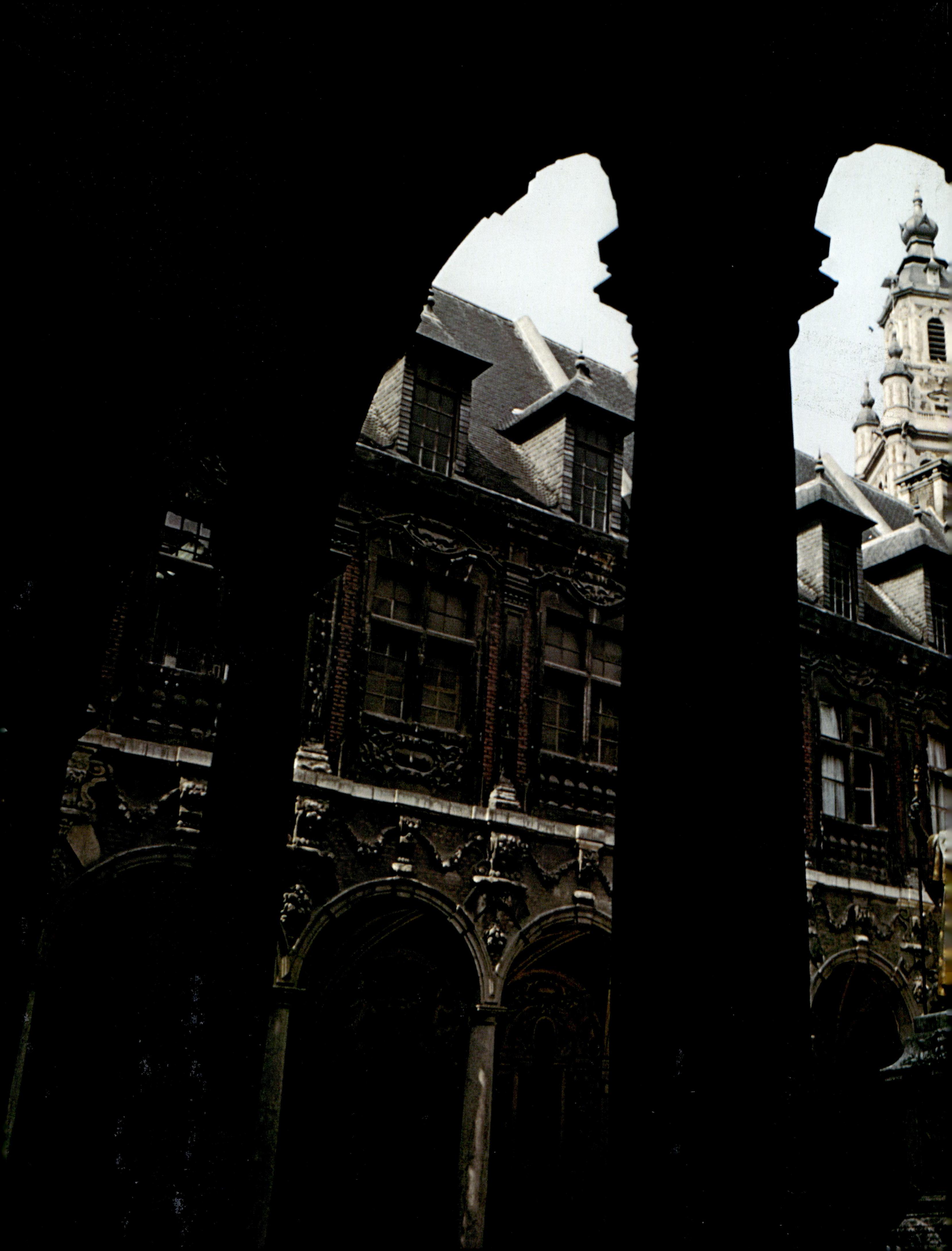

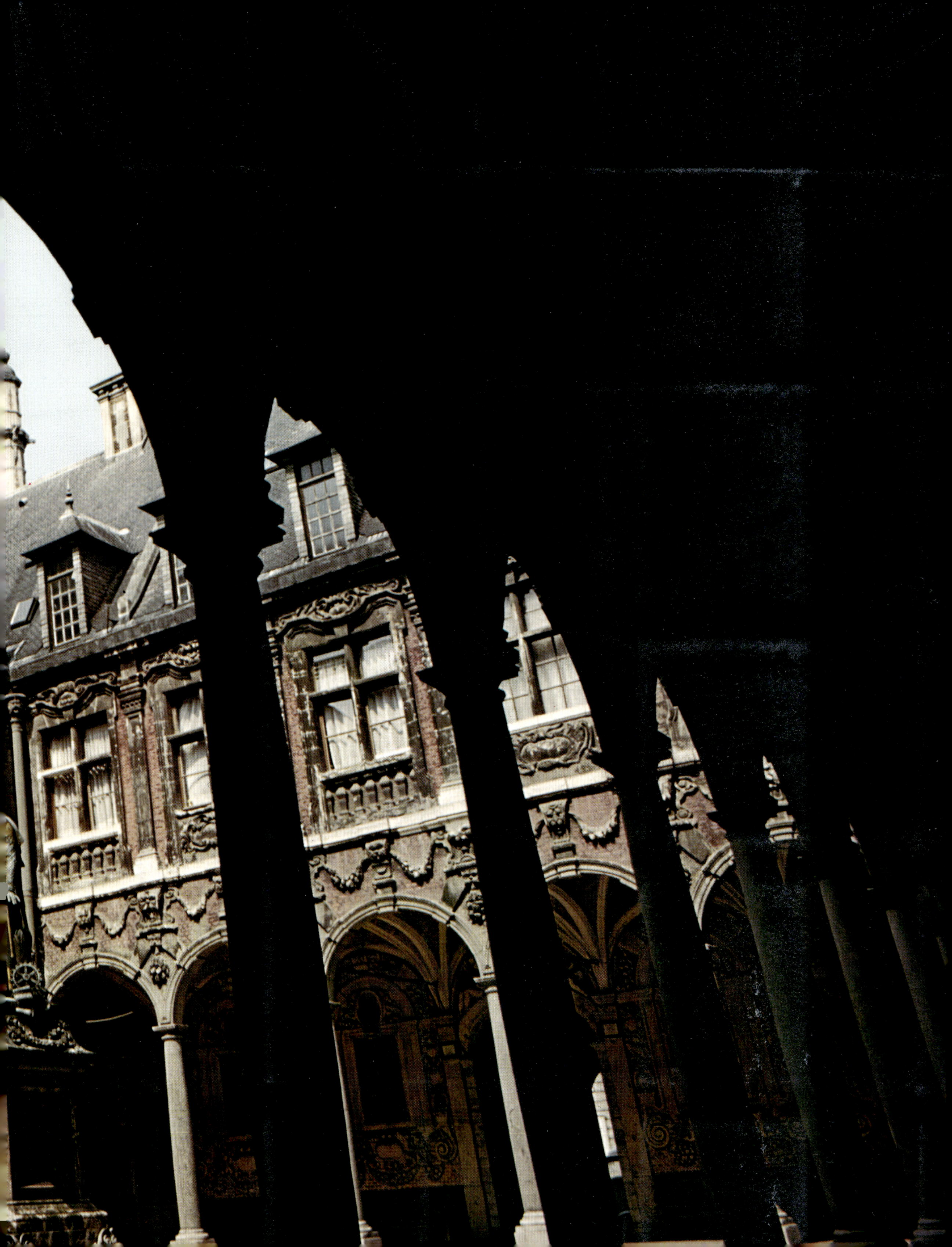

▲ *Le jeu de quilles (billon)
est pour le Nord
ce que la pétanque
est pour le Sud.*

Flandre, Artois, Picardie, Hainaut et Cambrésis, cinq noms réunis, qui composent ensemble notre Nord, domaine de la ville et de la plaine. Il commence là où vient mourir le Bassin parisien. Les hauteurs crayeuses de l'Artois forment une frontière indécise, culminant modestement à 210 m, à la limite de ce que les géographes nomment joliment « la boutonnière du Boulonnais ». Vers l'est, les vallonnements bocagers de l'Avesnois et les vertes collines de la Thiérache ferment le « plat pays », qu'à l'ouest bordent la Manche et la mer du Nord.

Ce Nord reste victime de préjugés : et pourtant la Normandie n'est pas plus ensoleillée, la Camargue est plus plate et plus éventée, et les Vosges sont plus fraîches et plus arrosées... On l'assimile trop vite au pays minier, qui a beaucoup changé, et qui est moins noir qu'on ne le dit. De toutes nos provinces, c'est la moins comprise, la mal aimée. Elle est cependant fort capable — pour peu qu'on prenne la peine d'aller à sa rencontre, et d'y aller avec l'œil et le cœur neufs — de surprendre agréablement, et même de se montrer sous un jour attachant.

Une riche immensité

Des dunes de Zuydcoote aux étangs de l'Avesnois enchâssés dans leurs vertes collines, de l'opulent plateau d'Artois chanté par Verlaine :

*« Au pays de ma mère est un sol plantureux
Où l'homme, doux et fort, vit prince de la plaine,
De patients travaux pour quelles moissons pleine,
Avec, rares, des bouquets d'arbres et de l'eau »*

aux « monts de Flandre » où ronflaient les ailes des moulins, du lacis des canaux de Bergues et de Saint-Omer aux villages de week-end de la Sensée, les paysages changent subtilement, toujours soignés, léchés, sans abandon : un jardin tenu avec amour par la population la plus dense et peut-être la plus active de France, la plus soucieuse de la qualité de son environnement. Un pays propre, net, coquet, depuis longtemps le plus urbain de France, dans tous les sens du terme.

C'est que, depuis le Moyen Âge au moins, ce morceau des « Pays Bas » vit de la ville et pour la ville, y accumulant tant de travail et de richesse que les cités étalent des trésors d'art, et que les campagnes qui les cernent sont des plus productives.

Au bout de l'artère vitale de la France, qui va de Méditerranée en Flandre, et qui fut la grande voie des marchands à l'époque médiévale, le Nord a vécu de négoce et de la fabrication des draps, avant de découvrir dans son sous-sol de nouvelles ressources : tant d'argent qu'on a pu superbement décorer maisons et hôtels, beffrois et cathédrales, portes et musées.

Plus encore donc que dans l'agrément de ses sites, l'intérêt du Nord réside dans le nombre, l'importance et surtout l'originalité de ses monuments et de ses villes. La plupart de celles-ci, qui continuent de pointer vers le ciel, très haut au-dessus des toits pentus, leur beffroi, doigt de pierre, signal en forme de donjon d'où ruisselle en cascade le chant d'un carillon, méritent mieux qu'une simple étape. La halte vaut de se changer en séjour, et le regard en visite...

Un pays de villes

Malgré les drames qu'elles traversèrent, malgré la fortune que leur apporta l'ère industrielle, les cités du Nord se sont efforcées de conserver le décor de leur glorieux passé. Leur destin a été tissé de sang et d'or, de guerres et de grand commerce : elles furent convoitées parce qu'elles étaient riches.

Le Moyen Âge connut les invasions, mais aussi la paix des monastères : Saint-Vaast à Arras, Mont-Saint-Éloi, près d'Arras, et surtout l'abbatiale Notre-Dame de Vaucelles, dans la vallée de l'Escaut, construite par l'un des plus fameux maîtres d'œuvre du Nord, Villard de Honnecourt, qui en fit, avec ses 132 m de long, la plus grande des églises cisterciennes. Dans le même temps, le négoce des draps inaugurait une civilisation de marchands dont les villes reflétèrent vite la prospérité. En fait, tout autant que l'essor d'une bourgeoisie commerçante, le faste de la cour des ducs de Bourgogne explique que la Flandre ait recherché dans le style flamboyant et ses dentelles de pierre une forme d'expression à la mesure de son éclat. Mais le gothique de la Renaissance toucha moins, semble-t-il, les édifices religieux que l'architecture civile où le goût de la ciselure, des ogives ajourées se donna libre cours. De nombreux bâtiments témoignent encore aujourd'hui de cet art de l'ostentation que l'on retrouve dans les Pays Bas de l'époque : l'hôtel de ville d'Arras (1501-1506), comme le Bailliage d'Aire, construit dans ce style au début du XVIIe siècle, et surtout les beffrois dont se hérissa alors le Nord portent la marque de cet âge d'or.

Orgueil de ces cités, tout à la fois symbole de puissance et d'autorité, le beffroi était aussi la maison forte où la ville, administrée par un groupe de bourgeois, abritait ses trésors et ses documents précieux. À l'origine, c'était une tour massive, carrée, faite de pierre ou de brique, dont la hauteur dépassait fréquemment 50 m. Dans ses fondations, des caves et des celliers, ainsi que des cellules. Au premier étage, une grande salle, souvent dotée d'un balcon surplombant la place, où, sous la présidence du « mayeur » (le maire), les

12. Villes flamandes

« Les jeux et les ris »

Homme joyeux, gai compagnon, aimant à rire, la chope de bière en main, le « Cht'imi » a été de tout temps friand de jeux et de réjouissances diverses dont la tradition reste vivace.

Outre les kermesses et les ducasses (grandes fêtes patronales souvent suivies — ou précédées — de défilés carnavalesques, où, bien entendu, les géants du cru se taillent la part du lion), on verra fréquemment dans les pays du Nord les hommes s'adonner à des jeux typiques, dont l'origine remonte fort loin : jeux de balle au gant (Artois, Hainaut), jeux de quilles et de fléchettes, concours de colombophilie, cruels combats de coqs, organisés par les « coqueleux » (éleveurs), et pour lesquels les paris vont bon train. Mais le tir à l'arc reste l'une des plus grandes spécialités sportives. Ainsi, le jeu du « papegai » (oiseau de bois juché au faîte d'une perche à 30 m de hauteur) rassemble-t-il les meilleurs archers, qui s'efforcent, d'une flèche emboulée, de jeter à bas leur cible afin de se voir proclamés « rois de la perche ».

Toute réjouissance s'achève généralement par un banquet dont les participants, immanquablement, chantent en chœur le chaleureux vivat du Nord. On attribue l'origine de ce chant à l'occupation anglaise au début du XIXe siècle. ■

La grande énigme des géants

Les géants processionnels (que l'on retrouve de l'autre côté de la frontière, en Belgique) restent les piliers les plus solides du folklore régional. Les peuples du Nord ont donné à leurs héros et personnages de légende des dimensions gigantesques et les ont mêlés à leurs fêtes locales. Aussi, aujourd'hui, les géants sont-ils de toutes les réjouissances, grands mannequins faits de bois et d'osier, souvent parés de riches costumes, et dont de savoureuses chansons du cru accompagnent les cortèges. Chaque ville a les siens : à Douai, *Gayant* et sa famille ; à Lille, *Lydéric* et *Phynaert*, en compagnie de *Jeanne Maillotte* et du tambour-major des Hurlus ; à Hirson, *No-Piot* ; à Dunkerque, *Reuze-Papa* ; à Cambrai, *Martin* et *Martine* ; à Bailleul, *Gargantua*...

Mais la question, souvent posée, de leur origine est jusqu'ici restée

▲ *Depuis des siècles, les gens du Nord sont férus d'archerie. Ils lui ont donné rang de sport.*

Le marché anime le cadre presque théâtral
▼ *de la place des Héros d'Arras.*

échevins tenaient conseil. Vers le XVe siècle, bien des beffrois avaient été ornés d'une horloge, parfois complétée d'un jeu d'automates qui venaient, quand sonnait l'heure, jouer, haut au-dessus du pavé, leur comédie saccadée. Mais tous possédaient une salle des cloches, couronnant l'édifice. Ces cloches tenaient alors un rôle important : elles sonnaient aussi bien le lever du jour que le couvre-feu, le début que la fin de la journée de travail, l'alarme que l'incendie, ou l'appel des échevins à une réunion extraordinaire. Et, tout au faîte de la tour, la loge du guetteur, chargé de signaler la présence d'un ennemi, les incendies, un mouvement de troupe insolite, une arrivée suspecte. Le gothique transforma luxueusement l'allure rude et guerrière des beffrois du Moyen Âge : les tours furent traitées comme des flèches d'églises, enrichies de sculptures, surmontées de girouettes dorées.

Au sortir de l'étonnante floraison du XVIe siècle, on pourrait penser que rien de nouveau n'allait intervenir dans l'architecture des villes du Nord. Pourtant, le baroque aux contours capricieux, aux formes surchargées, à la riche sculpture décorative (fruits, fleurs, statues...) trouva dans le Hainaut, en Flandre et en Artois — là où s'imposa l'occupation espagnole — l'un de ses plus riches foyers. Les églises édifiées par les Jésuites, ardents défenseurs de la Contre-Réforme, en sont d'intéressantes manifestations : église Saint-Jacques d'Aire, chapelle du Grand Séminaire de Cambrai. Quant aux hôtels que se construisit la société bourgeoise d'alors, ils ne manquent pas d'élégance. Malheureusement, peu de témoignages subsistent de ces

sans réponse définitive. D'après les thèses les plus fréquemment avancées, ils auraient été introduits en Flandre par les troupes espagnoles d'occupation. Les tenants de cette explication l'appuient sur le fait qu'il existait des géants en Espagne avant qu'il y en eût dans le nord de la France, et ajoutent qu'il faut voir là un « amusement » procuré aux peuples conquis par Charles Quint, soucieux d'endormir leurs idées de rébellion. Certains prétendent que les géants seraient d'origine corporative, et que leur présence dans les cortèges est liée à celle, dans ces mêmes défilés, de représentants des différentes corporations médiévales. D'aucuns préfèrent voir en eux les descendants de saint Christophe, dont on sait qu'il avait la stature d'un véritable géant. De même, on avance le nom de Goliath parmi les « ancêtres » possibles de ces mannequins, ou celui du bon héros rabelaisien Gargantua. Bien d'autres thèses sont émises, qui reconnaissent dans les géants une origine scandinave, ou l'image des vaincus des luttes flamandes du XIIe siècle, ou encore des « descendants » des druides... L'énigme reste entière. ■

▲ Venus de la Belgique voisine, les célèbres Gilles.

Coulons et coulonneux

Le dressage des pigeons voyageurs est une grande spécialité du Nord. Le siège de l'Union des fédérations régionales des associations colombophiles de France se trouve d'ailleurs à Lille.

La colombophilie, ou l'art d'élever et d'entraîner des pigeons voyageurs, est une activité fort sérieuse, placée sous la tutelle du ministère de l'Intérieur. Il faut, pour devenir colombophile, signaler d'abord au commissariat le plus proche de son domicile non seulement son intention, mais aussi le nom de l'organisation à laquelle on pense adhérer. Après enquête, l'amateur ouvre son colombier avec accord du préfet et affiliation à une association qui lui remet une licence fédérale soit d'« éleveur », s'il ne s'intéresse qu'à l'élevage, soit de « sportif », s'il voue ses pigeons à la compétition.

Cette association lui octroie en outre un « carnet de colombier » où il inscrira régulièrement les arrivées et les sorties d'oiseaux. Naturellement, il faut les bagues matricules (nom, adresse et nationalité du pigeon) et les bagues adresses (nom de

maisons affichant avec distinction sur la rue leurs pignons rehaussés de moulures et cernés d'audacieuses arcatures.

Ce baroque flamand touche néanmoins à la quasi-perfection avec l'ancienne Bourse de Lille (1662-1663), élégant édifice où la pierre se marie heureusement avec la brique, et plus encore peut-être avec les deux places d'Arras, la grande et la petite, que bordent les mêmes maisons à arcades, aux façades délicatement sculptées. Œuvres d'un urbanisme qui, depuis ses débuts — à la fin du XVIe siècle —, eut pour unique souci l'harmonie, évitant, pour y parvenir, les saillies excessives et les différences de hauteur, propres à engendrer le déséquilibre.

Sur les traces du siècle de Louis XIV, dont le classicisme trouva parfois grâce aux yeux des architectes de l'Artois, le XVIIIe donna encore la préférence aux édifices civils : de belles demeures, des châteaux d'abord, puis la reconstruction des abbayes (Saint-Vaast d'Arras). Malheureusement, les dévastations causées par la Révolution atteignirent une grande partie du patrimoine du Nord, que le XIXe s'employa à relever.

Arras, ville de hautes-lissiers et de trouvères

C'est à partir du haut Moyen Âge qu'*Arras*, capitale de l'Artois après avoir été jadis, sous le nom de *Nemetacum*, celle des Atrébates (peuple de la Gaule Belgique), commença à se développer autour de l'abbaye bénédictine de Saint-Vaast (VIIe s.), du nom de son premier évêque, mort vers 540. Installée au confluent du Crinchon et de la Scarpe, là où cette dernière rivière s'élargit en un vaste bassin, la cité des Arrageois connut une histoire tumultueuse. Détruite à plusieurs reprises par des Normands opiniâtres, assiégée en 1414 par les Bourguignons, puis en 1477 par Louis XI qui réussit à l'investir — comme après lui le prince d'Orange —, elle est enlevée aux Espagnols par les armées du cardinal de Richelieu en 1640. Quatorze années plus tard survient le fameux siège qui confronte un Turenne combattant au nom du roi de France à un Grand Condé à la tête d'une armée espagnole. Aujourd'hui encore, une fête, qui se déroule le dimanche le plus proche du 25 août, célèbre la victoire des troupes royales. Et c'est en 1659 seulement, au traité des Pyrénées, qu'Arras est définitivement réunie à la France.

Déjà célèbre à l'époque romaine pour la qualité de ses draps, Arras l'est un peu plus tard pour la beauté de ses tapisseries. Ville de hautes-lissiers auxquels, dès la fin du XIVe siècle, les ducs de Bourgogne accordent les générosités de leur mécénat, elle est aussi celle des grands trouvères, tels Jean Bodel, auteur du *Jeu de Saint-Nicolas*, Adam de la Halle, dont on connaît le *Jeu de la feuillée* (XIIIe s.), Gautier d'Arras ou Eustache Marcadé. Sous la Révolution, Arras attire une nouvelle fois les regards, mais les raisons diffèrent : Maximilien de Robespierre y est né en 1758, et y a fréquenté un officier en garnison qui s'appelait Carnot et un professeur au collège qui n'était autre que Fouché.

Toute visite de la ville commence — noblesse oblige — par le remarquable décor que forment, avec l'hôtel de ville et le beffroi, la Grand-Place (184 m sur 96) et la Petite-Place, ou place des Héros, reliées l'une à l'autre par la brève rue de la Taillerie. Exemple le plus achevé (et le plus complet) de l'architecture baroque flamande, ces deux places, strictement pavées, se composent l'une et l'autre de maisons hautes et étroites, toutes semblables par l'esprit sinon par la taille et la décoration, formant au rez-de-chaussée une galerie ininterrompue dont les arcades reposent sur des colonnes monolithes de grès, couronnées à leur faîte de pignons à volutes, fort ornementés, de type flamand. Sur nombre de ces maisons, des enseignes de pierre sculptées servent encore à les désigner de nos jours. Cruellement endommagés par la Première Guerre mondiale, ces deux ensembles, qui ne sont pas sans rappeler les façades d'Amsterdam ou de Bruxelles, ont été restaurés de main de maître par M. Pierre Paquet, inspecteur général des monuments historiques.

Sur l'un des côtés de la Petite-Place, l'hôtel de ville, conçu par Jacques Le Caron, au début du XVIe siècle, selon l'esprit du gothique finissant, s'est vu adjoindre, en 1572, une aile dans le plus pur style Renaissance. Tandis que le grand hall s'orne d'un buste de la comtesse Mahaut d'Artois (nièce du roi Saint Louis), dû au ciseau de Georges Saupique, la salle des Mariages, au premier étage, a été décorée par le peintre Gustave Louis Jaulmes de sujets aimables sur le thème du printemps. Quant à la salle des Fêtes, Hoffbauer y a ressuscité — se souvenant là fortement de Bruegel — la vie arrageoise au XVIe siècle, en des scènes vivantes et colorées.

> « *Belle, très au-dessus de toute la contrée*
> *Se dresse éperdument la tour démesurée*
> *D'un gothique beffroi sur le ciel balancé,*
> *Attestant les devoirs et les droits du passé,*
> *Et tout en haut de lui le grand lion de Flandre*
> *Hurle en gris d'or dans l'air moderne « Osez le prendre! »* »
> (Verlaine)

Au-dessus de l'hôtel de ville se profile en effet le beffroi de pierre, tout d'élégance et de puissance. Bâti entre 1463 et 1554, il fut jeté à bas en 1914 par les tirs de l'artillerie allemande. Reconstruit fidèlement, haut comme par le passé de 75 m, il arbore à son sommet le lion, emblème de la ville, et abrite un carillon de trente-huit cloches dont les concerts font la joie des jours de fête.

l'association, ville du siège, nom et adresse du colombophile propriétaire). Les volatiles doivent également être assurés, moyennant une cotisation annuelle à l'association.

Le sport colombophile groupe près de 100 000 amateurs licenciés qui, tous les ans, organisent 2 000 concours de fond (pas moins de 550 km), 15 000 de demi-fond et 40 000 de vitesse.

Élever et dresser des pigeons requiert une grande patience. De la première formation dépend la vie sportive de l'oiseau. Le pigeon, doté d'une surprenante endurance, peut voler à 106 km/h de moyenne et franchir 800 à 900 km. Convoyés dans des paniers spéciaux par avion ou train, les pigeons, munis à la patte d'une bague de caoutchouc portant numéro, sont lâchés. Les oiseaux rejoignent alors leur logis, où leur maître enregistre l'heure exacte d'arrivée. Les compétitions sportives ont lieu d'avril à fin août. Novembre est consacré aux expositions organisées par les associations colombophiles. ■

▲ *La colombophilie est pratiquée à des fins sportives ou pour l'élevage des pigeons voyageurs.*

Les prestigieuses spécialités d'Arras

Déjà connue à l'époque romaine pour ses textiles, la capitale de l'Artois compta, au Moyen Âge, parmi les grands centres drapiers de Flandre et, au XVe siècle, acquit une fort flatteuse réputation pour ses tapisseries. Les Italiens ne désignaient-ils pas les tissus décoratifs fabriqués en Flandre du nom de *panno di Arazzo* (« étoffe d'Arras »)? Les commandes que

*Les géants de Douai :
Gayant le père (7,50 m)*
▼ *et son épouse (6,50 m).*

Ancienne abbatiale, l'église Saint-Vaast devint cathédrale en 1833, pour remplacer Notre-Dame de la Cité détruite après la Révolution. Ce vaste édifice de ligne classique abrite deux triptyques (*Adoration des Mages* et *Crucifixion*) de Jean Bellegambe (1470-1534), l'un des grands artistes du Nord, originaire de Douai, dont le talent semble avoir toujours balancé entre l'école française et l'école flamande.

À droite de la cathédrale, les bâtiments de l'ancienne abbaye, un des plus importants ensembles monastiques du XVIIIe siècle, donnent sur une place paisible. Installé dans la partie centrale, le musée d'Arras possède, outre un ensemble de sculptures et de fragments architecturaux, pour la plupart de provenance locale, des peintures des écoles hollandaise et flamande. Y figurent des œuvres de Nicolas Maes, Nicolaas Pietersz Berghem, Frans Hals, Jordaens. L'école française des XVIIe, XVIIIe et XIXe y est représentée, ainsi que les artistes régionaux. Mais, surtout, il ne faut pas manquer les peintures provenant de la série des « mays » offerts chaque année au mois de mai, entre 1630 et 1709, à la cathédrale Notre-Dame de Paris par la corporation des orfèvres : des œuvres de Laurent de La Hyre, de Philippe de Champaigne, d'Antoine Coypel notamment.

Enfin, les amateurs d'urbanisme ne quitteront pas Arras sans visiter la Basse-Ville, quartier que l'on aurait pu qualifier de « quartier pilote » si l'expression avait existé au XVIIIe siècle, tant les architectes et les fonctionnaires du royaume s'y sont appliqués à dessiner un plan dont la rigueur surprend encore par son caractère moderne. De même, les casernes, élevées à la fin du XVIIe siècle, et considérées — à juste titre — comme les plus belles de France, étonneront par leur élégance et le bel appareil de leurs façades de brique à chaînages de pierre.

Douai, « l'Athènes du Nord »

*« Ô frais pâturage où de limpides eaux
Font bondir la chèvre et chanter les roseaux!
Ô terre natale! à votre nom que j'aime
Mon âme s'en va toute hors d'elle-même. »*

Charmant cadre agreste qui fait oublier que le Douaisis est aussi un pays noir et que sa capitale, patrie de la poétesse Marceline Desbordes-Valmore, est cernée de toutes parts par un paysage industriel. Pourtant, sise dans une plaine sur les deux rives de la Scarpe, *Douai* offre l'image d'une ville tranquille et verdoyante, aérée de nombreux jardins.

Du haut de ses 7,50 m, le géant Gayant peut se flatter d'être le plus ancien — et le plus aimé — des habitants de cette vieille cité : n'appelle-t-on pas ces derniers « les enfants de Gayant »? Flanqué de son épouse, Marie Gagenon, et de leur progéniture, Jacquot, Fillion et

Villes flamandes. 15

firent les ducs de Bourgogne aux ateliers de haute-lisse d'Arras contribuèrent à l'essor de cet art. La ville poursuivit cette activité avec plus ou moins de bonheur, compte tenu des circonstances (guerres surtout), jusqu'au milieu du XVIIIe siècle.

Il lui fallut essayer de différencier sa production de celle de la ville de Tournai, également renommée. Mais cela fut d'autant plus difficile que les mêmes lissiers travaillaient dans l'une et l'autre cité. Aussi l'attribution des œuvres qui sont parvenues jusqu'à nous, en totalité ou partiellement, reste-t-elle souvent incertaine — quand les tapisseries ne répondent pas exactement aux caractéristiques que l'on a cru pouvoir fixer pour chacun des deux centres. On s'accorde à reconnaître à Arras les scènes dans le style des miniatures du XIVe siècle : éléments architecturaux gothiques, accumulation de personnages aux silhouettes étirées, brossés avec une extrême précision. Parmi ces tapisseries, les plus remarquables sont la *Présentation au Temple* (Bruxelles), que l'on date de 1340 environ (la plus ancienne que nous ayons), l'*Histoire de saint Piat et de saint Éleuthère* (cathédrale de Tournai), l'*Histoire de saint Pierre*, dont les huit épisodes (sur dix originellement) sont répartis entre le musée de Cluny, à Paris, la cathédrale de Beauvais et le musée de Boston, l'*Histoire du fort roi Clovis* (vers 1440), conservée à la cathédrale de Reims et dont il ne reste aujourd'hui que deux pièces sur six.

Dans le dernier tiers du XVIIIe siècle, Arras s'est aussi fait

▲ *L'ancien réfectoire de la chartreuse de Douai, aujourd'hui riche musée; au premier plan, le* Jugement dernier, *attribué à Jean Prévost (v. 1507).*

La lumière peut donner aux paysages miniers
▼ *une dimension presque irréelle.*

Binbin, le gai luron anime encore chaque année, au mois de juillet, la semaine qui porte son nom, et qui est prétexte à toutes les réjouissances populaires dont savent se régaler depuis des siècles les Douaisiens de tout poil. Concours de colombophiles, compétitions de tir à l'arc, concerts de carillon, chants, musique et danses folkloriques mettent la ville en liesse. Ces festivités commémorent en fait l'entrée des Français dans la cité, espagnole jusqu'en 1667, après que le Roi-Soleil en personne en eut dirigé le siège. En 1710 pourtant, Douai tomba sous la coupe des Hollandais, et y resta deux ans durant, jusqu'à ce que Villars la rendît à la France.

Siège, depuis le XVIe siècle, d'une université que fréquentaient volontiers des étudiants venus d'outre-Manche, et si fameuse qu'elle lui valut le surnom flatteur d'« Athènes du Nord », Douai devint en 1714 le siège du parlement de Flandre, et le resta jusqu'à la Révolution. Révolution qui faillit bien être fatale à l'innocent Gayant : en 1792 le conseil municipal décida de supprimer « frivolités et futilités inventées par le despotisme »... Mais, en 1801, Gayant, après un exil de quelques années, reparut à la tête de sa petite famille, à la grande joie de tous ses compatriotes.

Devenue plus tard un grand centre industriel — depuis 1946, s'y tient le siège des Houillères du Nord et du Pas-de-Calais —, Douai a conservé de nombreux témoignages d'une grandeur qui atteignit à son zénith au XVIIIe siècle. De cette époque datent de nombreux édifices de qualité, l'hôpital général, ainsi que le palais de justice, reconstruit sur des vestiges du XVIe. Jadis, s'y réfugia l'abbaye de Marchiennes. Cet édifice élevé au bord de la Scarpe vaut une visite, plus pour ses boiseries de chêne sculptées que pour les portraits royaux qui en ornent les murs. Cependant, on s'attardera plus longuement au musée, installé dans un bel édifice Renaissance en pierre et brique, précédemment hôtel d'Abancourt-Montmorency, inclus au cours de la seconde moitié du XVIIe siècle, par les Chartreux, ses nouveaux propriétaires, dans les bâtiments conventuels qu'ils lui annexent. Dans cette ancienne chartreuse, le Douaisien Jean Bellegambe — à tout seigneur, tout honneur — fait figure de « vedette », mais ses voisins de cimaise (Jordaens, Antoine Van Dyck, Rubens, Marten de Vos, Jacob Van Ruysdael, Cornelisz Van Haarlem) comptent parmi les plus grands de l'école hollandaise. La peinture française y a, elle aussi, de prestigieux ambassadeurs : Courbet, David, Corot, Pissarro. Une *Vénitienne* peinte par Véronèse, une *Flagellation* de Ludovico Carrache — deux chefs-d'œuvre de la Renaissance italienne —, un bronze de Jean de Bologne (Gian Bologna) — Douaisien, lui aussi —, et de nombreux tableaux de petits maîtres flamands et hollandais font du musée de Douai l'un des plus riches du département.

Enfin, comme il n'est de ville du Nord sans un orgueilleux beffroi, Douai possède l'un des plus connus, bâti au XIVe et au XVe siècle. Victor Hugo le célébra, Corot l'immortalisa par une toile aujourd'hui conservée au Louvre. Haute de 64 m, sa tour carrée est ceinte de quatre tourelles en encorbellement, et surmontée d'un lion de cuivre doré serrant dans ses griffes la bannière de Flandre. Fort de ses quarante-neuf cloches, le carillon égrène ses airs joyeux, barcarolle ou air des *Puritains d'Écosse,* sans oublier quelques mesures de la chanson de Gayant.

Cambrai fait des « bêtises »

En majeure partie édifiée sur la rive droite de l'Escaut, au milieu des horizons largement ouverts du Cambrésis — l'une des plus opulentes régions agricoles de France —, *Cambrai* s'est bâtie en calcaire blanc à l'ombre des trois tours de son beffroi, de sa cathédrale et de l'église Saint-Géry.

connaître par la fabrication d'une porcelaine tendre dont, semble-t-il, l'essentiel de la production fut de la vaisselle de table. Marquées des lettres AR ou AA, les pièces ne sont pas sans évoquer, par leur style, celles qui étaient fabriquées à Tournai ou à Chantilly : leur décoration se compose de motifs d'une très grande simplicité, rouges ou bleus (blasons, festons, fleurs). Mais, après une période faste, cette activité prit fin dans les dix dernières années du XVIIIe. ■

Lorsque revit le vieux Nord...

Fille de Baudouin IX, comte de Flandre et de Hainaut, femme de Ferrand de Portugal, puis de Thomas de Savoie, Jeanne de Constantinople ordonne en 1237 la construction de l'hospice Notre-Dame qui, en reconnaissance à sa fondatrice, est désigné par les habitants de Lille sous le nom d'hospice Comtesse. Ravagé par un incendie le lundi de Pâques de l'an 1468, cet édifice est reconstruit entre 1470 et 1724. L'hospice comprend la salle des Malades, en pierre de Lezennes, dont la décoration primitive a disparu, et la chapelle, où l'on peut admirer la voûte aux nervures, pommes et roses dorées et le tableau d'autel d'Arnould de Vuez. Le bâtiment de la communauté, dont l'intérieur fut refait à partir de 1650, réunit des objets d'art du XVIIe. À cet ensemble furent adjoints en 1649 un édifice dont la façade sur cour évoque le style Renaissance, puis, en 1749, une ultime construction beaucoup plus classique.

▲ *Un hôpital devenu musée, l'hospice Comtesse de Lille (XVe-XVIIe s.).*

L'allure sévère d'un donjon, adoucie par la grâce du gothique :
▼ *le beffroi de Douai.*

Après avoir été la capitale d'un petit royaume franc (Ve s.), dont le dernier roi, Ragnacaire, fut mis à mort par Clovis, cette ville est, à l'époque mérovingienne, dotée d'un évêché, dont les titulaires successifs ajoutent à leur titre religieux celui de comtes de Cambrai, et règnent en véritables souverains jusqu'à l'an 1227, date à laquelle les bourgeois opiniâtres parviennent à conquérir enfin leur charte communale. À l'instar de tant de cités du Nord, Cambrai se voit tour à tour placée sous le joug des empereurs allemands et des ducs de Bourgogne. En 1476, Louis XI s'en rend maître, mais trois ans plus tard les Bourguignons s'y réinstallent. Charles Quint en fait une place forte et y érige la première citadelle, dont Louis XIV s'empare en 1677. L'année suivante, le traité de Nimègue confirme l'appartenance définitive de cette cité à la France. Dernière occupation, pendant la Grande Guerre : les Allemands l'investissent dès le mois d'août 1914 et s'y maintiennent quatre années durant.

Renommée chez les amateurs de friandises pour ses célèbres « bêtises », chez les buveurs de chauds breuvages pour sa chicorée, chez les merciers pour ses belles batistes de lin, Cambrai s'honore — sur un tout autre plan — d'avoir donné le jour au général Dumouriez, au sculpteur Carlier et à l'aviateur Louis Blériot. Mais François de Salignac de La Mothe-Fénelon, le « Cygne de Cambrai », reste, envers et contre tous, le grand homme de la ville, dont il fut nommé archevêque en 1695 et où il mourut en 1715, des suites d'un fâcheux accident de... carrosse. La cathédrale Notre-Dame (XVIIIe s.), ancienne église de l'abbaye du Saint-Sépulcre, malmenée par les siècles, les guerres et les hommes, abrite dans la chapelle de son abside un monument à Fénelon, sculpté dans le marbre blanc par le ciseau de David d'Angers (1826). Mais, dans ce même édifice, l'on remarquera surtout huit grandes grisailles en trompe l'œil, exécutées en 1760 par un peintre anversois, Martin Geeraerts, évoquant les unes la Vierge Marie, les autres le Christ.

Autrefois abbatiale Saint-Aubert, l'église Saint-Géry (XVIIIe s.), dont la belle flèche culmine hardiment à 76 m au-dessus du sol, mérite qu'on vienne y admirer un très beau jubé baroque de marbre rouge et noir (XVIIe s.) et une *Mise au tombeau* de Rubens. Quant à la porte Notre-Dame, élevée en 1623, elle est remarquable par ses pierres taillées en pointe de diamant et ses colonnes cannelées que surmonte, au-dessus de la voûte, une Vierge. Enfin, Cambrai possède également son musée municipal, installé dans un hôtel du XVIIIe siècle. Ingres, Boudin, Vuillard, Dufy, Harpignies, Marquet, Matisse, Utrillo, Gromaire, Signac, Vlaminck y figurent à côté des grands de la sculpture : Carpeaux, Rodin, Bourdelle, et des meilleures œuvres des écoles flamande et hollandaise.

On ne saurait en tout cas quitter Cambrai sans aller voir — et entendre — ses « géants » Martin et Martine, les deux jaquemarts

Villes flamandes. 17

Désaffecté en 1939, l'hospice abrite un musée d'histoire et d'ethnographie régionales en cours de création. Le musée est surtout consacré à l'Artois, au Hainaut et à la Flandre, englobant son histoire des origines à nos jours, les métiers techniques, la vie agricole, l'organisation sociale, les jeux, les carnavals et fêtes, sans pour autant négliger l'imagerie populaire et les marionnettes. D'exposition en exposition, le musée prend forme, dans cet hospice dont l'extérieur frappe par l'étonnante fusion des styles, où se marient pierre blanche, grès, ardoise et brique rose. ■

Le pays des « gueules noires »

Le gisement houiller du nord de la France, long de plus de 100 km et

▲ *A proximité des villes, des coins agrestes : au bord du canal de Saint-Quentin, près de Cambrai.*

Du haut de l'hôtel de ville de Cambrai, les jaquemarts Martin
▼ *et Martine rythment le temps.*

(1510) vêtus à l'orientale qui flanquent le campanile à colonnes de l'hôtel de ville, et frappent en cadence une cloche énorme, remise à sa place au lendemain de la Grande Guerre.

À Lille, une des plus belles compositions de Vauban

Au-delà des anciens remparts de brique qui, au XVIIe siècle, délimitaient précisément la ville, la capitale de la Flandre pousse chaque jour des offensives urbaines plus hardies dans la plaine fertile qui l'entoure. En résulte la construction de nouveaux avant-postes : cité universitaire, école des Beaux-Arts, lycées, ou échangeurs, noirs de véhicules « à touche-touche », qui symbolisent, avec les autoroutes éventrant à qui mieux mieux plaines et montagnes, forêts et prairies, le monde pressé où nous vivons. Car Lille est désormais au sein d'une vaste communauté urbaine qui réunit quatre-vingt-huit communes, soit près d'un million d'habitants, et se dote d'une « ville neuve ».

Le cœur de la ville historique bat encore du côté de la citadelle (l'une des plus belles compositions de Vauban, la « reine des citadelles »; ainsi la voulait le commissaire général des fortifications, qui en fit une merveille, avec ses cinq bastions reliés par des courtines et précédés de cinq demi-lunes cernées de douves) et sur les rives d'une Deûle canalisée entre deux berges de béton. Là a été conservé presque intact son visage d'autrefois. On y flânera pour en saisir l'esprit particulier, celui d'une petite cité militaire conçue pour pouvoir affronter les rigueurs d'une vie autonome.

Au centre de Lille, à l'angle de la rue de la Bourse, le célèbre « rang du Beau Regard » aligne ses vieilles maisons à pilastres du XVIIe siècle. Non loin, l'ancienne Bourse, bâtie à la même époque par Julien Destrez, reste le plus bel édifice de la ville en même temps que l'un des plus beaux spécimens du style baroque flamand. Elle s'ordonne selon un plan carré, articulé autour d'une cour à arcades, dont chacun des côtés est commandé par son propre accès. L'ensemble comporte au total vingt-quatre maisons en brique et pierre au décor assez chargé, où cariatides, guirlandes de fleurs et de fruits, macarons et cartouches semblent se disputer la place.

Mais la vie de Lille se concentre surtout sur sa Grand-Place (aujourd'hui baptisée place du Général-de-Gaulle, en hommage au natif de la grande cité). S'y côtoient cinémas, restaurants, brasseries et commerces. Si elle a peu à peu perdu son unité architecturale primitive, elle n'en présente pas moins quelque caractère, renforcé par l'animation qui y règne de façon permanente.

Parmi les curiosités de la grande capitale du Nord, il ne faut pas omettre de citer : la Noble Tour, vestige d'un donjon du XVe siècle; le palais Rihour, demeure de Philippe le Bon; l'église Saint-Maurice et

18. Villes flamandes

large d'une douzaine, s'étirer sur le Hainaut, le Cambrésis et l'Artois, de Condé-sur-l'Escaut, à l'est, à proximité de la frontière belge, jusqu'à Auchel, à l'ouest. Les profondeurs auxquelles il faut descendre pour trouver le charbon peuvent atteindre de 200 à 1 000 m.

Le paysage minier ne manque pas d'une certaine grandeur, même si la monotonie et l'absence de couleurs en sont la marque. Les terrils, ces cônes faits des terres stériles remontées des profondeurs, qu'on enherbe ou reboise maintenant, les chevalements, Meccano géants qui ont la charge d'assurer le va-et-vient des cages dans les puits, les corons de brique sombre, où la mine loge les siens... Tout cela compose à la longue une interminable toile, vouée au rouge et au noir, qui sait, toutefois, émouvoir. ∎

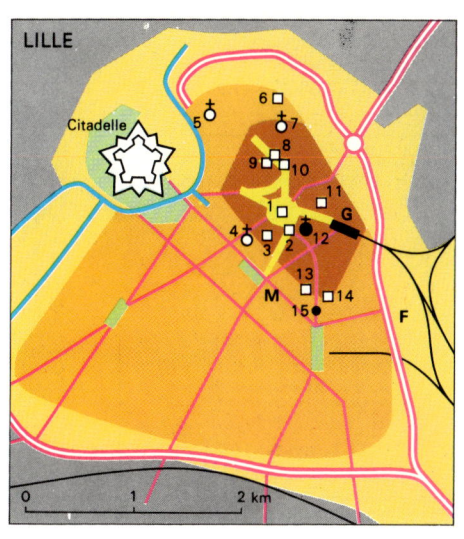

□ Monument remarquable
✝ Église gothique
⚲ Église classique
● Porte, tour
M Musée
G Gare
F Foire

⌁ Place centrale et vieilles rues
━ Rues principales
▰ Partie la plus ancienne
▰ Vieille ville dans les remparts
▰ Espaces verts
▰ Autres espaces bâtis
▰ Glacis en cours d'urbanisation

Lille

1. Ancienne Bourse, Grand- et Petite-Place.
2. Grand-Garde.
3. Palais Rihour.
4. Saint-Étienne.
5. Saint-André.
6. Hospice général.
7. La Madeleine.
8. Palais de justice.
9. Ancien hôtel de la Monnaie.
10. Hospice Comtesse.
11. Hôtel Bidé de la Grandville.
12. Saint-Maurice.
13. Hospice Gantois.
14. Beffroi.
15. Porte de Paris.

l'église Sainte-Catherine (XVIᵉ s.), qui s'enorgueillit de posséder un *Martyre* de sa sainte patronne peint par Rubens; la Grand-Garde, qui abritait, derrière une noble façade début XVIIIᵉ, les rudesses d'un corps de garde; ou encore la rue Royale et les artères voisines où subsistent de très remarquables hôtels du XVIIIᵉ siècle, pour la plupart œuvres de Michel Lequeux, architecte lillois de grand talent. Quant au palais des beaux-arts, il passe pour être le plus beau de nos musées de province. Les écoles hollandaise et flamande, avec Frans Hals, Marten de Vos, Thierry Bouts, Jordaens, Van der Meulen, Antoine Van Dyck et Rubens rivalisent avec l'école française, figurée par Poussin, Eustache Le Sueur, Watteau, Greuze, Nattier, David, Fragonard, tandis que l'Italie et l'Espagne se voient représentées par le Greco, Goya et Véronèse, Titien ou Ghirlandaio. Les impressionnistes n'y ont pas été oubliés (Renoir, Sisley, Monet), non plus que les romantiques, et la peinture contemporaine y trouve aussi sa place. Mais, pour nombre de connaisseurs, le vrai trésor de ce musée est bien moins dans ces toiles fameuses que dans la collection de dessins léguée à sa mort (1834) par le peintre lillois Wicar, un fonds ne comptant pas moins de trois mille numéros (Raphaël, Mantegna, Michel-Ange, Fantin-Latour, Holbein, Dürer, Poussin, Ingres, Delacroix...). À ce riche ensemble artistique dont Lille se montre fière, notre époque apporte sa contribution. Le nouveau palais de justice (1969), conçu par Jean Willerval, est ainsi l'une des plus intéressantes réalisations du moment.

Béthune, royaume du géant Cafougnette

Au sortir de ces métropoles bourdonnantes, et à la lisière du pays noir, *Béthune*. Étalée parmi ses « houches », fraîches prairies bordées de grands arbres, et arrosée par un affluent de la Lys, la Lawe, et par le canal d'Aire à La Bassée, la petite ville fait figure de havre de paix. Même si elle fut jadis une place forte importante dont Vauban avait patiemment dessiné chaque muraille et chaque glacis.

Béthune, c'est le pays du géant Cafougnette, héros qui apparaît toujours vêtu en mineur, portant lampe et pic, insignes des « gueules noires ». C'est aussi celui du philosophe Jean Buridan, qui fut à vingt-sept ans, en 1327, recteur de l'université de Paris. C'est enfin celui des « Charitables » de Saint-Éloi, confrérie fondée pour ensevelir dignement les milliers de morts de l'épidémie de peste qui ravagea la région au XIIᵉ siècle. Aujourd'hui encore, les membres de l'association, portant redingote, bicorne et mantelet, continuent d'assurer bénévolement le transport des cercueils à l'église et au cimetière.

La Grand-Place et le beffroi de grès (1388), haut de 30 m, constituent à peu près les seuls monuments d'importance de Béthune.

La construction de l'église Saint-Maurice de Lille, en pur style gothique, ▼ *prit plusieurs siècles.*

Villes flamandes. 19

Le divin breuvage de Gambrinus

Flamands et gens du Nord sont réputés pour être grands amateurs de cervoise — ainsi les Francs appelaient-ils la bière. Ce breuvage coule à flots dans les « estaminets », de même qu'il est de toutes les fêtes, de toutes les réunions. Les plus récentes statistiques ont établi que chaque habitant de ces régions consomme en moyenne 135 litres de bière dans l'année...

Assez douce, avec un très léger goût de caramel, la bière du Nord représente à peu près 40 p. 100 de la production nationale. C'est dans les régions de Lille, Armentières, Saint-Amand, Saint-Quentin, Maubeuge et Amiens que sont installées les brasseries les plus importantes.

Quelques petites entreprises survivent (il y en avait 2 000 en 1914), mais la fabrication de la bière est passée à un stade vraiment industriel.

Saint Arnoul, patron des brasseurs, et Gambrinus, « dieu » de la Bière, pourraient être les deux patrons du Nord. Le second — dernier en date des géants lillois — serait, selon une légende brabançonne, un roi qui aurait vécu au temps de Charlemagne et auquel on attribue l'invention de l'art de brasser la bière. D'aucuns préfèrent voir dans son nom une altération de celui de Jean Primus, soit Jean Ier, duc de Brabant, né en 1251, mort lors d'une joute en 1294; renommé pour sa taille immense et son penchant pour la boisson mousseuse, il présida la Guilde des brasseurs de Bruxelles. ■

▲ *La bière est de toutes les fêtes, et beaucoup lui sont consacrées (Arras).*

Dans le style Renaissance flamande, le Bailliage ▼ *d'Aire-sur-la-Lys.*

Les deux villes de la Lys

Au cœur de l'Artois, au confluent de la Lys, de la Melde, de la Laquette et du Mardyck, au point de jonction des canaux d'Aire à La Bassée, de Neuffossé et de la Lys, la petite ville d'*Aire-sur-la-Lys* dément l'image figée et par trop répandue d'un Nord gris et froid. Les eaux claires de la Lys, la fraîcheur verdoyante des horizons, les doux vallonnements composent un tableau simple au centre duquel Aire, ancienne place forte démantelée, a su garder en partie son aspect et son plan d'avant la Révolution.

Sa vaste Grand-Place est bordée de maisons du XVIIIe siècle à pilastres corinthiens; parmi elles se détache un monumental hôtel de ville à beffroi. Décoré de trophées et d'un fronton aux armes de la ville, l'édifice possède un balcon d'où, jadis, le mayeur pouvait adresser à la foule ses proclamations officielles. Dans l'un des angles de cette place, le Bailliage, encore appelé Corps de garde, est un petit édifice de style Renaissance, bâti en brique et pierre au début du XVIIe siècle. Son rez-de-chaussée est bordé d'une galerie ouverte et voûtée d'ogives, les arcades en anse de panier reposant sur des colonnes monolithes à chapiteau dorique. À l'étage, les baies s'encadrent de pilastres à cannelures. Au sommet de l'édifice ont été placées les statues des quatre vertus cardinales, Tempérance, Force, Justice et Prudence, puis celles, chrétiennes, de l'Espérance, de la Charité et de la Foi, tandis que, d'un autre côté, sont figurés les quatre éléments : Eau, Feu, Terre et Air.

L'église Saint-Jacques, achevée vers la fin du XVIIe siècle, construction de caractère jésuite, n'offre pas l'intérêt que présente la collégiale Saint-Pierre, l'un des plus importants édifices de styles flamboyant et Renaissance. La tour, achevée au début du XVIIe siècle, rappelle celle de la basilique Notre-Dame de Saint-Omer; elle s'élève à 53 m, et ses faces s'ornent jusqu'à mi-hauteur d'arcatures aveugles. La terrasse qui la couronne a été dotée de balustrades et de quatre tourelles. Long de 104 m et large de 40, l'intérieur de l'église est des plus imposants, avec sa nef de sept travées que précède un narthex de deux travées, un transept de cinq, un chœur de quatre, son abside à trois pans, deux collatéraux et un déambulatoire, et son vaisseau central haut de trois étages. Il abrite la statue dorée de Notre-Dame Pannetière, qui fait l'objet de pèlerinages, et un buffet d'orgues du XVIIe siècle, sculpté avec maestria.

Également située sur la Lys, *Armentières* fait figure de ville de la bière. Soixante-dix millions de litres sortent en effet chaque année des brasseries Motte-Cordonnier qui y sont installées. Aussi le géant du cru ne pouvait-il être que « l' ro Gambrinus, prince du houblon », le roi Gambrinus en personne, « l' géant d'Armintires ». Pourtant, cette cité qui se veut, avant d'être ville de la bière, celle de la toile, a un autre géant, le comte Fil, dont le nom vint sur un jeu de mots sur l'instrument des drapiers.

On admirera, sur la Grand-Place, le bel hôtel de ville à beffroi carré, et, sur la place de la République, la façade, avec ses deux tours à flèches, de Notre-Dame-du-Sacré-Cœur.

20. Villes flamandes

les paysages verts du Nord

L'Helpe Mineure arrose Maroilles, ▲
*dont un fromage délectable
a popularisé le nom.*

Au bord d'un canal, ▶
*habituel chemin d'eau du Nord,
une maison basse
soigneusement chaulée.*

◄ *En forêt de Mormal,
les majestueuses colonnes
de la haute futaie.*

Le long de la frontière belge, entre Flandre et Ardenne, le Nord industriel et minier recèle, à deux pas des grands axes, des terrils et des champs de betteraves, des forêts profondes dont cerfs et chevreuils hantent les hêtraies et des rivières paisibles que peuplent carpes et brochets.

Paysages verts du Nord. 3

▲ *À demi cachés par la verdure,
protégés du soleil par des parapluies,
de patients pêcheurs
aux étangs de la Sensée.*

*C'est ici le domaine des joies simples, des promenades,
des longues flâneries, un pays où l'on prend le temps de vivre,*

à l'écart du bruit et de l'agitation, dans une nature aimable qui reste toujours à l'échelle de l'homme, parce que c'est lui qui l'a façonnée.

Les bachots à fond plat ▲ des chevaliers de la gaule font partie du décor de l'étang de Palluel.

▲ *Nimbée de brume,
l'originale silhouette penchée
du clocher de Solre-le-Château.*

Environnée de bois ▶
*et de grasses prairies
doucement vallonnées,
une ferme de l'Avesnois.*

Dans les vallées verdoyantes,
une campagne bocagère, ses haies,
ses herbages et ses bouquets d'arbres
entourent des bourgs tranquilles,
sagement blottis
autour de leur église.

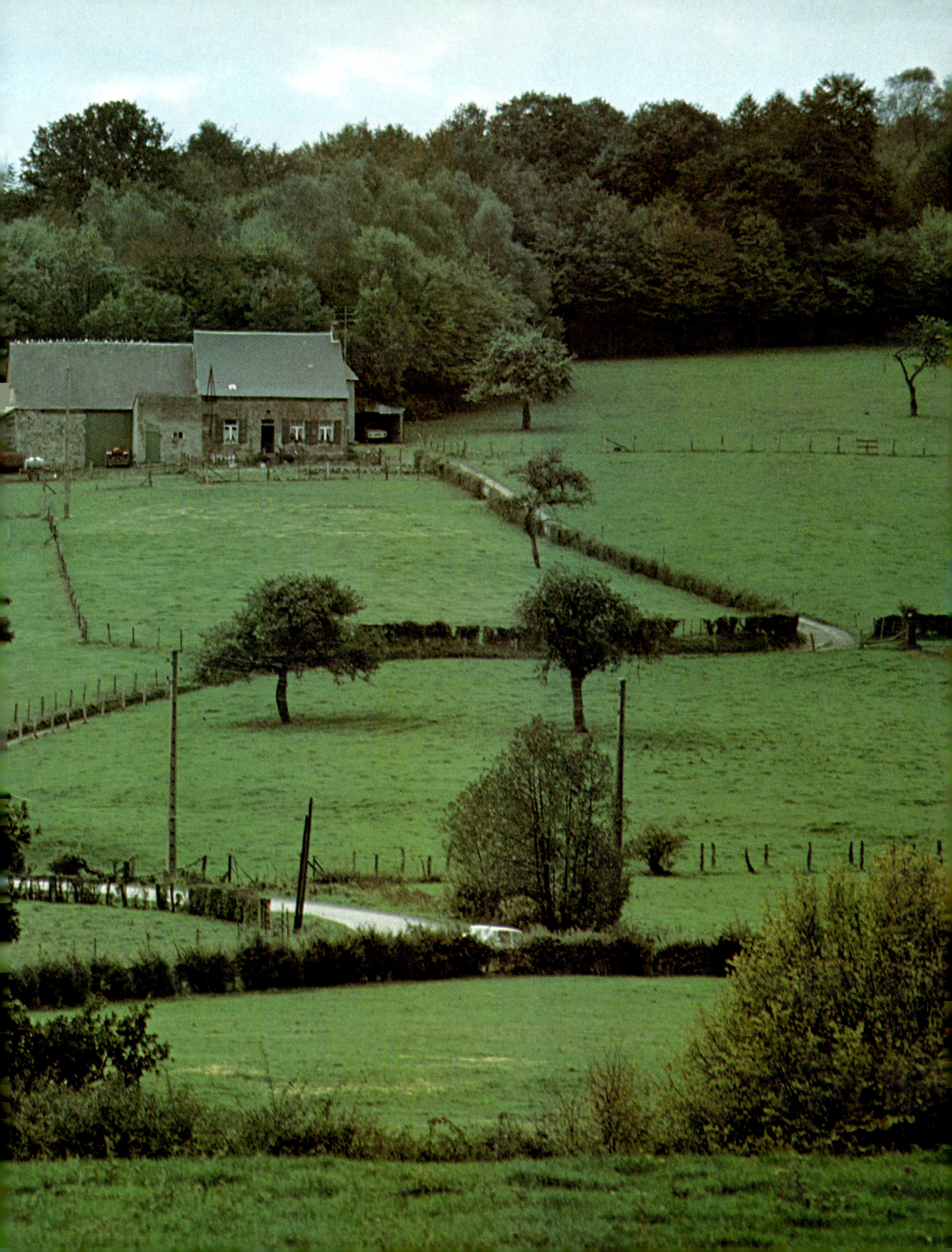

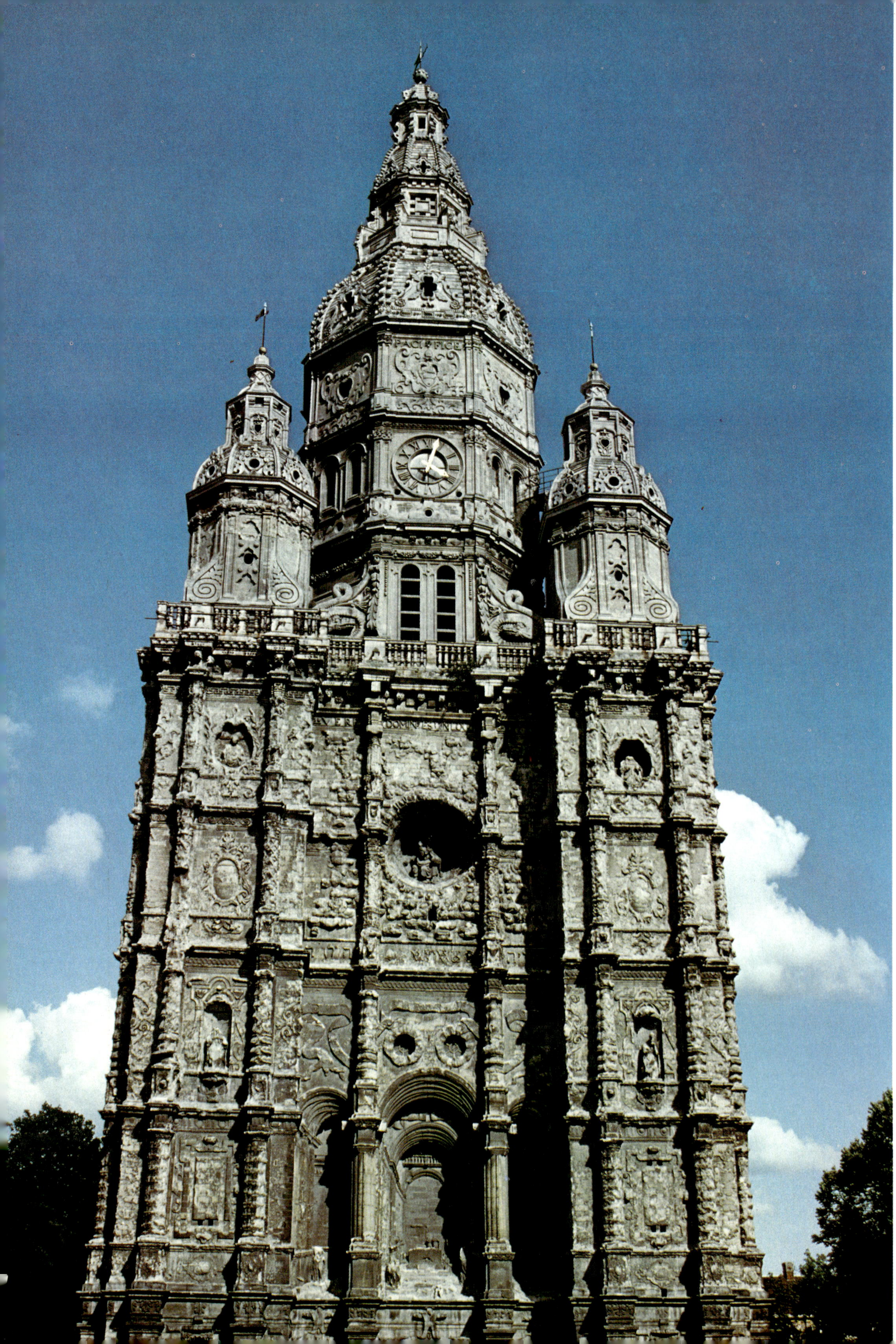

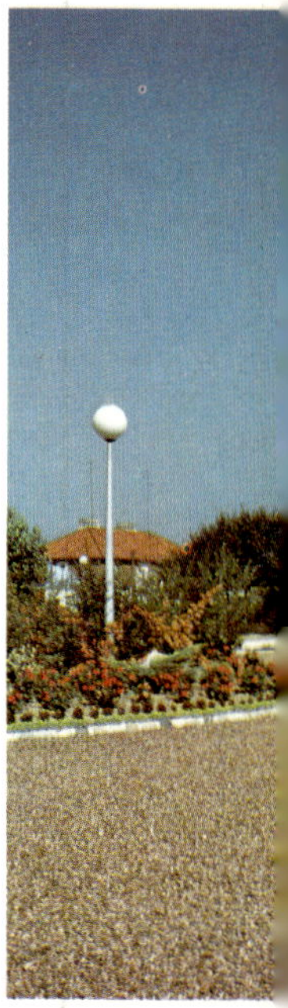

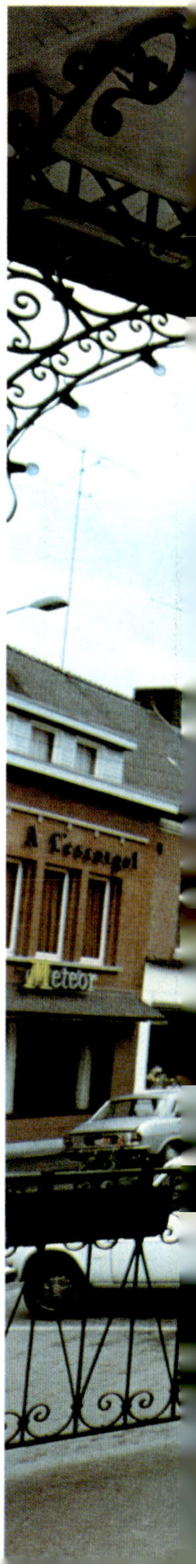
Meteor

◄◄ *Surabondamment sculptée,
la tour baroque
de Saint-Amand-les-Eaux.*

**Vieilles places fortes
encore corsetées de remparts
que grignote le lierre,
villes meurtries d'une région
que n'épargna aucune guerre,
les agglomérations du Nord ont trop souffert
pour posséder beaucoup de monuments,
mais les épreuves leur ont forgé
une personnalité attachante.**

◄ *D'une blancheur
soigneusement entretenue,
l'hôtel de ville de Berlaimont,
à l'orée de la forêt de Mormal.*

*Sur la grand-place de Cousolre,
près de Maubeuge,
un kiosque à musique rappelle
▼ que le Nord aime la fête.*

*Un solide donjon, ►
flanqué d'une mince tour de guet,
domine le château féodal d'Olhain,
aujourd'hui occupé par une ferme.*

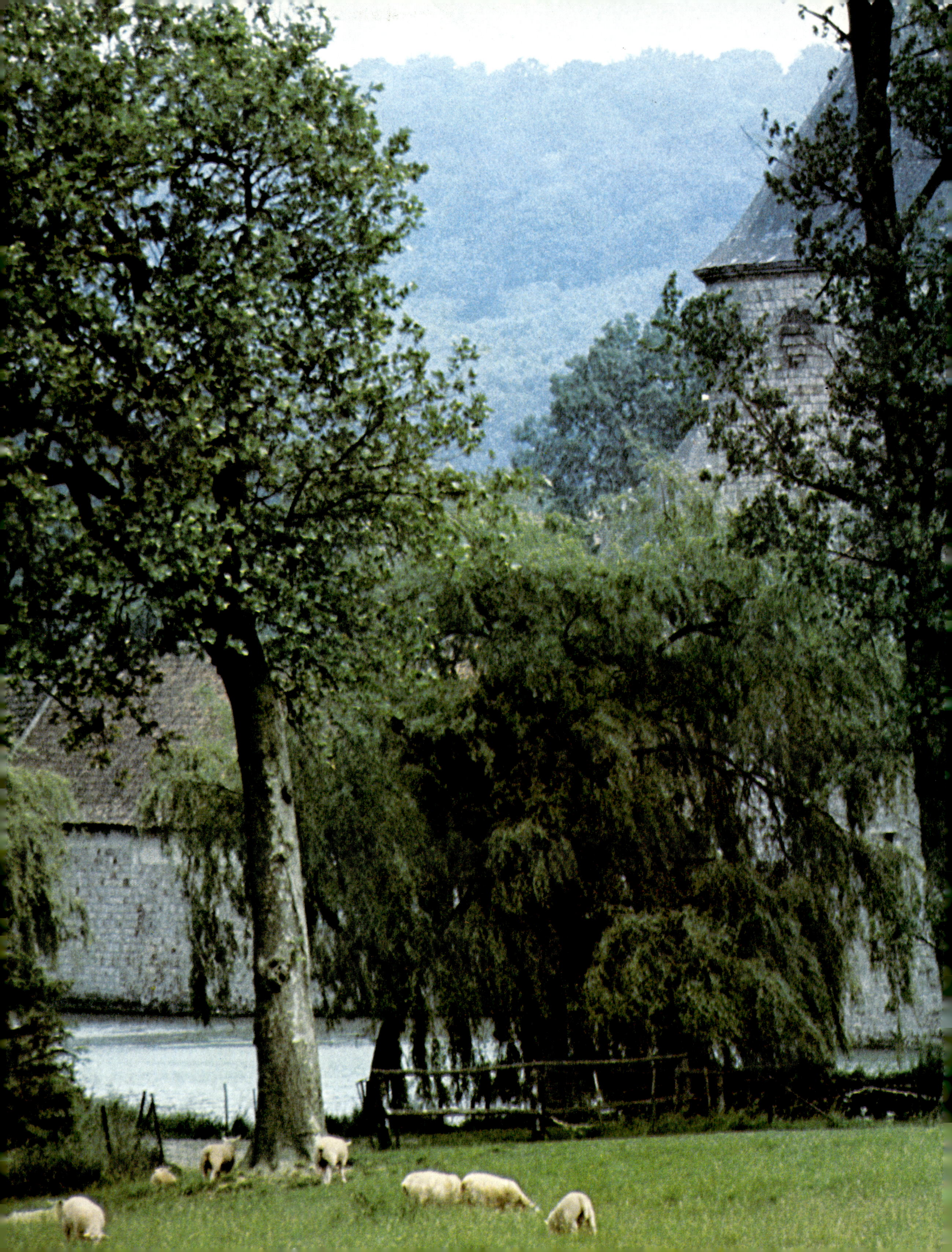

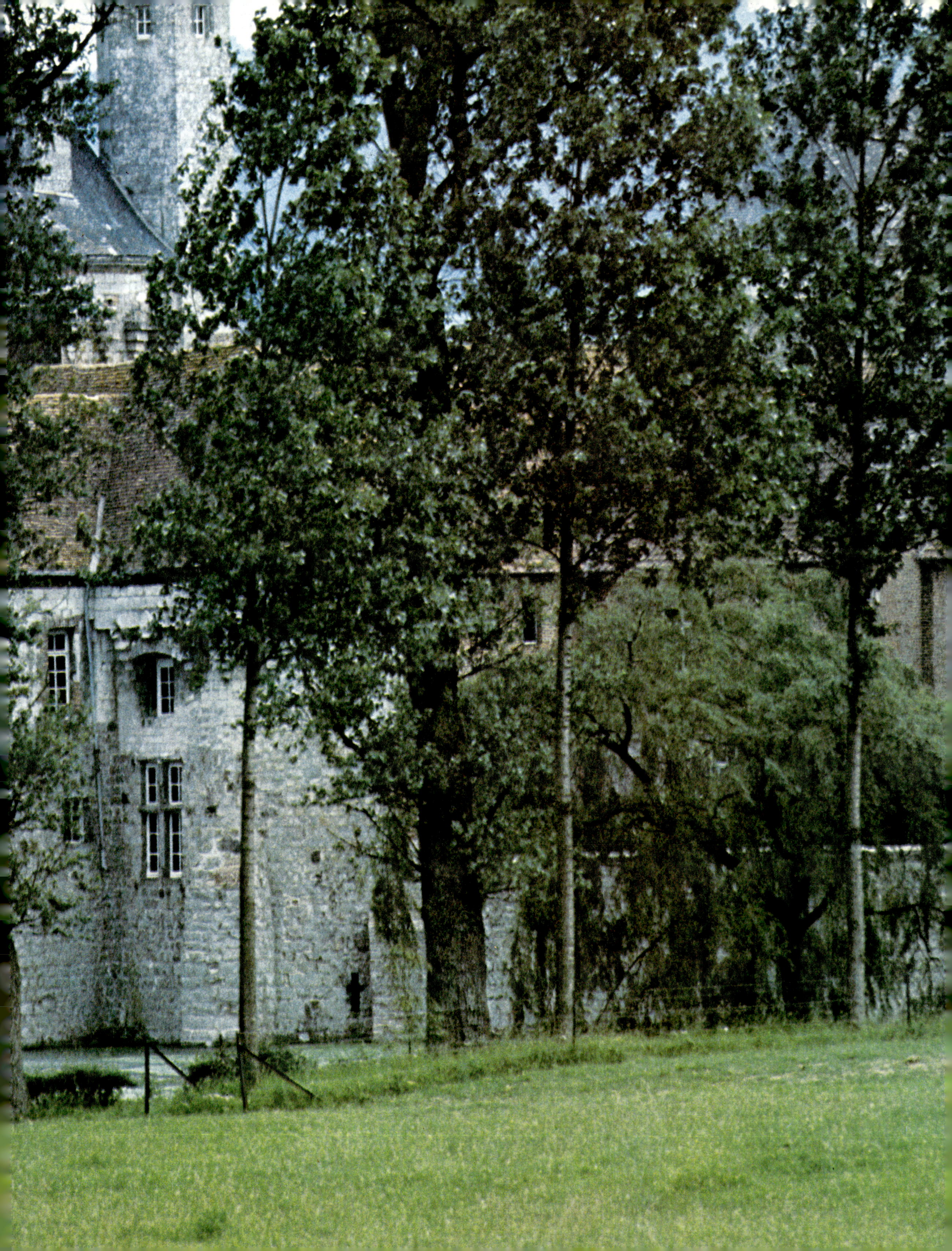

▲ *Encore verte,
mais déjà tapissée d'or par l'automne,
une route forestière
du parc naturel de Saint-Amand-Raismes.*

Au nord de la France, entre Lille et Maubeuge, tout près de la frontière belge, 10 000 ha, dont une bonne moitié est couverte de forêts, s'offrent aux citadins des métropoles voisines : le parc naturel régional de Saint-Amand-Raismes. Un territoire pour marcher, respirer, écouter, regarder, savoir se taire et laisser la parole aux oiseaux, aux insectes, à l'eau qui court en liberté, un excellent prétexte pour retrouver cette nature que l'on a tendance à oublier à force de la voir mutiler, dénaturer.

Des forêts dans ce Nord que l'on a si tôt fait d'imaginer en gris et noir? Au plus profond de la hêtraie, au bord d'un étang, le long d'une allée (qu'un daim, peut-être, vient de franchir), qui croirait que Valenciennes est à quelques kilomètres, l'agglomération lilloise à moins d'une heure, et que des usines ont fait pousser leurs cheminées presque aux confins du bois? Pourtant...

« Ici », c'est le Hainaut. De vastes plateaux limoneux où viennent bien le blé et la betterave, des terres riches où la Scarpe, l'Escaut et la Sambre étalent largement leurs vallées. Au Moyen Âge, la forêt couvrait tout le pays, ou presque : les 5 000 ha (dont 4 400 appartiennent aux Domaines) qui forment aujourd'hui le « noyau » du parc en sont un des vestiges.

Le premier parc régional français

Chronologiquement parlant, le *parc de Saint-Amand-Raismes* est le doyen des parcs naturels régionaux. Il a en effet été créé par un décret daté du 13 septembre 1968. Les raisons de sa création sont diverses : en délimitant son périmètre (et celui de ses annexes, car le parc englobe, en fait, trois « pièces détachées » : les forêts domaniales de Marchiennes à l'ouest, de Flines au nord et de Bonsecours au nord-est), on a d'abord cherché à mettre un large espace vert à la disposition d'une population urbaine particulièrement dense; ensuite, on a voulu créer un équipement de qualité, susceptible d'attirer (ou de retenir) dans la région du Nord les cadres du secteur industriel; enfin est apparue la nécessité de conserver, à l'intention des chercheurs, des étudiants, des élèves des universités et des établissements d'enseignement de la région, des sites scientifiques.

Au chapitre des équipements d'accueil restaurés, aménagés, ou devant l'être, on notera : l'établissement thermal de Saint-Amand, point d'attraction d'importance avec son restaurant, son casino, son hôtel; l'aire de repos de la source des Chômeurs, dotée de tables de pique-nique, de parcs de stationnement, etc.; les deux réserves botaniques de la sablière du Mont-des-Bruyères; le terrain de camping et de caravaning voisin; l'allée des Hêtres, seul vestige de ce qu'était la forêt avant la Première Guerre mondiale; la maison du Parc; l'aire d'accueil de l'Étoile de la Princesse, proche du château d'Arenberg, situé au sud de la forêt de Raismes.

En ce qui concerne les équipements sportifs, il faut retenir la base nautique d'Amaury, où les jeunes peuvent s'initier à la pratique de la voile; deux clubs hippiques privés et le centre équestre du parc naturel régional; le complexe omnisport de Notre-Dame-d'Amour et ses différents terrains de sports..

Mais — noblesse oblige! — c'est sur les équipements en relation directe avec l'histoire naturelle que les efforts ont principalement porté. La réserve botanique de la sablière du Lièvre, où on peut observer l'étrange plante carnivore qu'est le *drosera;* celles de la sablière du Mont-des-Bruyères — une en lande sèche, l'autre en terrain marécageux; la Vitrine d'animaux sauvages : 104 ha clos, où vivent en semi-liberté des sangliers, des mouflons, des chevreuils et des daims que la fréquentation des visiteurs rend étonnamment familiers; la réserve cynégétique de la forêt de Raismes; l'arboretum du Prussien et ses collections d'arbres, d'arbustes et d'arbrisseaux; la réserve botanique de Bassy et ses lycopodes; et, enfin, la Mare à Goriaux, réserve ornithologique où la gent plumée des eaux, des marais et des terres fermes vit sans crainte : voilà autant d'occasions de contact avec une nature que d'importants travaux d'assainissement ont débarrassée de ses moustiques importuns.

Les équipements se rapportant aux arts et traditions populaires ont moins de chance. Le musée de la Batellerie, où les péniches en bois qui sillonnaient jadis la région finissaient leurs jours à l'ancre, a été supprimé, les bateaux ayant brûlé. Quant aux musées de Plein Air, des Maisons rurales et de la Mine — lequel devait être aménagé à Vicoigne, dans l'une des fosses du bassin houiller —, les projets semblent, au moins pour l'instant, abandonnés. La construction de la maison d'information et d'initiation à la nature est différée. Mais la chapelle du Bon-Dieu-de-Gibelot, bâtie en un lieu où les druides célébraient déjà leur culte, est devenue le but d'un pèlerinage dont les participants continuent d'accrocher aux branches, en guise d'ex-voto, des linges leur appartenant; et les terrils, enfin, seuls reliefs de ce pays plat, outre l'évocation de la rude vie des « gueules noires » qu'ils suscitent aisément, offrent, de leur sommet, de vastes panoramas.

Amand, évêque de Tongres, un saint venu de l'Aquitaine

À l'orée du parc, dont elle est la « porte » nord, Saint-Amand-les-Eaux a pris le nom du bienheureux qui fut à son origine. Né en Aquitaine vers la fin du VIe siècle, Amand commence à l'île d'Yeu sa formation ascétique, la poursuit à Tours, puis à Bourges où il vit en

12. Paysages verts du Nord

Les eaux de Saint-Amand

Seule station thermale du Nord, Saint-Amand-les-Eaux est spécialisée dans le traitement des rhumatismes et des voies respiratoires, à l'aide de boues sulfureuses naturelles et d'eaux fortement radioactives. Si les Romains appréciaient déjà leurs bienfaits, le fruste Moyen Âge s'en désintéressa, et il fallut attendre la fin du XVIIe siècle pour que l'on entreprenne à nouveau de les capter. Ce fut Vauban qui fut chargé des travaux. Les cinq sources jaillissent à 4 km de la ville, au lieudit Saint-Amand-Thermal. Sortant de terre à la température constante de 26 °C, l'eau contient de la chaux, du magnésium, du potassium et du sodium sous la forme de sulfates, et dégage de l'hydrogène sulfuré.

Dans un parc fleuri de 8 ha, le nouvel établissement thermal, construit depuis la dernière guerre, est directement relié à un vaste et confortable hôtel. Un élégant casino, des tennis, un club hippique, une piscine et des restaurants complètent l'ambiance traditionnelle de ville d'eaux. ■

Proverbes et maximes

Comme tous les terroirs de France, le Nord a ses proverbes, ses maximes et ses dictons. En voici quelques-uns, glanés à droite et à gauche, et présentés sans souci de correspondance.

Santé de vieilles gens, pleurs de l'enfant, promesse du gentilhomme, faut pas s'y fier.

Bien chaussé, à moitié paré!

▲ *Les arbres qui entourent la chapelle du Bon-Dieu-de-Gibelot, dans le parc de Saint-Amand-Raismes, sont pavoisés de curieux ex-voto.*

Un bassin tout rond reflète la silhouette rococo du théâtre
▼ *de Saint-Amand-les-Eaux.*

reclus durant quelque quinze années. Nommé évêque de Tongres, dans le Limbourg, il court les Flandres, la Frise et le Hainaut, jalonnant son passage de monastères. C'est ainsi qu'il ordonne la mise en chantier d'une abbaye à Elnon, un village des bords de la Scarpe, mais un village pas tout à fait semblable aux autres, puisque ses eaux et ses boues étaient déjà connues des Romains, dont on sait la compétence en matière de thermalisme.

Une ville se développe autour de la communauté religieuse et devient une place forte que les Français démantèlent en 1667, après l'avoir investie. En 1793, Dumouriez, qui vient d'évacuer la Belgique, y établit son quartier général, et c'est là qu'il fait prisonniers les députés envoyés par la Convention pour s'emparer de lui.

Des bâtiments de l'ancienne abbaye, reconstruits au XVIIe siècle et mis à mal par la furie qui suivit la Révolution, seuls la Tour et l'Échevinage ont subsisté. La Tour, clocher de l'ancienne église abbatiale à laquelle elle servait également de porche, constitue une véritable page d'anthologie de l'histoire de l'architecture dans le Nord. Les cinq étages de sa base, où se succèdent cinq styles, respectivement toscan, dorique, ionique, corinthien et composite, sont un remarquable exemple du baroque français. Son campanile, qui culmine à 82 m et que flanquent deux tourelles, abrite l'un des plus remarquables carillons du Nord, riche de 44 cloches et d'un bourdon baptisé « Amanda », fondu au XVIIe siècle et pesant 4 650 kg. Au premier étage de la Tour, un musée du Carillon présente 35 des

Paysages verts du Nord. 13

Le frêne, en certaine saison, près de la mare est du poison.

Vaut mieux un petit cabaret qu'une grande mine.

Un verre de rouge dans une vieille panse, c'est poutre neuve dans la grange.

Qui s'en va à la ducasse perd sa place.

Nourris bien ton pourceau si tu veux du bon lard.

Remue-toi si t'as froid, tu verras qu't'auras chaud! ■

Carillons et art campanaire

Saint-Amand-les-Eaux, Maubeuge, Avesnes-sur-Helpe... trois porte-flambeaux, dans le Hainaut, d'un art très apprécié de tous les pays du Nord : l'art campanaire, c'est-à-dire celui des cloches et, plus précisément, des carillons qui, toutes les heures, parfois tous les quarts d'heure, égrènent de joyeuses ritournelles.

Si les cloches datent de l'Antiquité, les carillons ne firent leur apparition qu'au Moyen Âge. Au début, il s'agissait seulement de quatre clochettes (*quadrinio* en latin, qui donna « carillon »), à l'aide desquelles les horloges attiraient l'attention des populations avant de sonner les heures. Puis le nombre des clochettes augmenta, et l'on vit apparaître des « bateleurs de cloches » qui les faisaient tinter à l'aide de maillets de bois pour célébrer les fêtes et les événements heureux.

Les cloches du carillon croissant en nombre et en poids, les maillets des bateleurs devinrent insuffisants et, en 1510, dans les Flandres, naquit

▲ *Le campanile qui surmonte la tour de Saint-Amand-les-Eaux recèle l'un des plus beaux carillons du Nord.*

Au-dessus de chaque ville, de chaque village, pointe une flèche d'ardoises.
▼ *(Pecquencourt.)*

38 cloches qui composaient l'ancien carillon réformé en 1950, une maquette de l'abbaye d'antan et une belle collection de faïences du cru, datant des XVIIIe et XIXe siècles.

Appelé aussi « Prieuré », l'Échevinage est, en réalité, l'ancien pavillon d'entrée du couvent, dans lequel le prévôt et les échevins de la ville tenaient leurs assises; avec son balcon, ses colonnes annelées, ses cartouches, ses tours, ses coupoles et ses lanternons, c'est un joyau de la Renaissance flamande. À l'intérieur, on visite les deux salles symétriques du premier étage, aménagées sous les coupoles et dotées, de ce fait, de voûtes à nervures rayonnantes. Dans l'une d'elles, dite « salon Watteau », Louis Watteau, neveu du « grand » Watteau, a peint, en 1782, de nombreuses allégories.

Avant de quitter Saint-Amand-les-Eaux — à moins que ses sources ne décident les rhumatisants à y demeurer le temps d'une cure —, on pourra encore visiter l'église Saint-Martin (XVIIIe s.), qui abrite un Van Dyck, un Véronèse et deux Rubens, ainsi qu'une chaire et des stalles de chêne sculpté provenant de l'abbaye détruite.

À l'ouest de Saint-Amand, à la lisière de la forêt de Marchiennes, belle réserve d'oxygène et de verdure administrativement rattachée au parc naturel de Saint-Amand-Raismes, voici *Marchiennes*, posée sur les berges de la Scarpe devenue canal. La petite ville doit son nom — et son origine — à un couvent de religieuses, fondé au VIIe siècle par sainte Rectrude (ou Rictrude) et transformé plus tard en une abbaye de bénédictins, que les protestants des Pays-Bas ruinèrent en 1566 et que la Révolution acheva. De l'ensemble monastique, seule a subsisté l'entrée, monumentale, formant un pavillon aux harmonieuses proportions, où cohabitent aujourd'hui la mairie et un musée.

De Marchiennes, on peut faire une belle promenade dans la vallée de la Scarpe, où se succèdent champs, prés et longues files de peupliers. L'ancienne *abbaye d'Anchin*, ruinée sous la Révolution, dressait jadis sur les bords de la rivière les cinq tours de son église. De nos jours, deux petits pavillons du XVIIIe siècle marquent ce qui fut l'entrée d'un établissement bénédictin, fameux pour les richesses qu'il recélait. C'est dans l'église de *Pecquencourt*, à quelques lieues de là, que l'on trouvera les rares vestiges de cette splendeur : plusieurs tableaux, dont une *Résurrection de Lazare* visiblement inspirée par les maîtres hollandais, et un autel en fer forgé du XVIIIe siècle.

Mélantois et Pévèle pour le bonheur de l'œil

Entre Saint-Amand-les-Eaux et la vaste agglomération lilloise, le Mélantois dessine un grand croissant dont les cornes touchent l'une à la Deûle, l'autre à la Marque. Son sol crayeux, recouvert de limon, a fait naître un paysage aimable, verdoyant, qui pourrait confondre les détracteurs qui ne voient dans le Nord que grisaille et monotonie sur fond de chevalets et de crassiers... Sa plaine fertile est jalonnée d'intéressants souvenirs du passé. *Sainghin-en-Mélantois*, par exemple, bourg campagnard qui se flatte de compter encore plusieurs maisons flamandes aux murs chaulés de près, aux toits de tuiles, et une belle église gothique. Ou *Bouvines*, devenue célèbre un jour de 1214, quand Philippe Auguste y battit l'empereur d'Allemagne et s'empara du comte Ferrand de Flandre, « le grand Ferrand

14. Paysages verts du Nord

le clavier. Bien que manœuvré à coups de poing, celui-ci ne pouvait mettre en branle les cloches les plus pesantes, les « bourdons », que les progrès de la fonderie mettaient à la disposition des villes les plus fortunées. On le doubla alors d'un pédalier. Doté d'un grand nombre de cloches donnant, grâce à des poids très différents, une gamme étendue de notes harmonisées, mû par un double clavier, le carillon devenait un véritable instrument de musique.

La Révolution avait besoin de gros sous et de canons, les uns et les autres faits de bronze : en 1793, la Convention fit fondre les cloches!

Au XIXᵉ siècle, on s'efforça de reconstituer les carillons disparus, mais l'art des fondeurs s'était perdu, et les résultats furent souvent décevants. Depuis, deux guerres se sont acharnées sur clochers et beffrois, pour le plus grand dommage des carillons qu'ils abritaient. Heureusement, les progrès de l'électro-acoustique permettent maintenant à la science de relayer l'empirisme d'antan, et, s'il y a moins de carillons qu'autrefois, les réalisations modernes permettent à des maîtres carillonneurs talentueux de donner des concerts dont la qualité musicale a de plus en plus d'amateurs. ■

Jan Gossaert, dit Mabuse

Si certains spécialistes de l'histoire de l'art éprouvent des doutes sur le lieu et la date de naissance du peintre flamand Jan Gossaert, dit Mabuse, ce n'est pas le cas des Maubeugeois, qui estiment avoir la preuve que l'artiste naquit

▲ *Oasis de verdure dans une ville active, le parc de la Rhônelle, à Valenciennes.*

ferré », qu'il ramena triomphalement à Paris... Ou *Cysoing,* dont l'abbaye logea, à la veille de Fontenoy, en 1745, un royal pensionnaire nommé Louis le Quinzième. On voit encore la pyramide que les bons pères érigèrent en souvenir de leur hôte et de sa victoire, rocaille surmontée d'un piédouche orné de dauphins de bronze et couronné d'une fleur de lys qui culmine à 17 m de hauteur.

Au sud-ouest du Mélantois, près de la forêt de Phalempin où les Lillois viennent volontiers déballer leur pique-nique, le petit pays de Pévèle offre un paysage où l'argile et le sable se disputent la place, un morceau de la plaine flamande qui aurait refusé l'infinie platitude de son entourage, préférant faire un semblant de gros dos sous le ciel du Nord. La butte sur laquelle est bâti le bourg de *Mons-en-Pévèle* n'atteint-elle pas 107 m d'altitude, ce qui lui octroie le titre de « point culminant » du pays lillois?

En suivant la vallée de l'Escaut

C'est au nord de Saint-Quentin, près du village de Mont-Saint-Martin, parmi les arbres, dans un site si calme et si prenant qu'il fut jadis un but de pèlerinage, que l'Escaut prend sa source. Il s'élance sans hâte parmi les trembles et les frênes pour une course de quelque 400 km, qui le mène jusqu'à la mer du Nord par la Belgique et la Zélande, via Cambrai, Valenciennes, Tournai, Gand et Anvers. Au passage, il longe la lisière orientale du parc naturel de Saint-Amand-Raismes, et sa vallée est un but de promenade dominicale fort apprécié.

Voici *Bruay-sur-l'Escaut,* dont l'église abrite une belle sépulture médiévale, celle de sainte Pharaïlde, qui apparaît vêtue d'une robe dont les plis serrés sont encore très proches de l'art roman. Mais c'est surtout *Condé-sur-l'Escaut,* toujours partiellement enserrée dans ce qui reste des remparts bâtis jadis par Vauban, qui mérite une halte. Au confluent de l'Escaut et de la Hayne, la petite place forte d'antan, déclassée au début de ce siècle, a donné son nom à l'une des branches cadettes de la famille des Bourbons, dont le chef fut Louis Iᵉʳ de Bourbon, prince de Condé, chef des calvinistes et oncle du roi Henri IV. Outre cette référence historique, Condé-sur-l'Escaut s'honore d'avoir vu naître le musicien Josquin Des Prés, qui fut maître de chapelle de Louis XII; un maréchal de France, le duc de Croÿ; le cardinal de Croÿ, évêque de Rouen; et Claire Leris, tragédienne qui s'illustra, à la fin du XVIIIᵉ siècle, sous le nom de Mˡˡᵉ Clairon : sur la petite place Saint-Amé, en face du théâtre, un buste évoque son souvenir.

L'ancienne place d'Armes, aujourd'hui place Pierre-Delcourt, dont l'hôtel de ville du XVIIIᵉ siècle occupe tout le fond, est intéressante avec son corps de garde à arcades et beffroi, comme l'église Saint-Wasnon, dont la tour est surmontée d'une flèche renflée et flanquée de clochetons. Non loin de là, la maison des Bateliers (XVIᵉ s.) mérite un regard. Le château de Bailleul, ancienne résidence des princes de Condé, est bâti en grès et porte quatre tourelles en encorbellement. Enfin, l'arsenal, édifié vers le XVᵉ siècle, et le port, empli de péniches aux flancs noirs de charbon, complètent le tour de ville. Les amateurs de verdure continuent leur promenade, par

Paysages verts du Nord. 15

en 1478 à Maubeuge. La présence de sa famille dans la ville au XVe siècle paraît certaine, et la signature de sa célèbre *Adoration des Mages* (Londres), « Jenni Gossart of Mabus », signifierait « Jan Gossaert, originaire de Maubeuge ».

Élevé à Bruges, puis à Anvers, le peintre voyage beaucoup, notamment en Italie où il est influencé par l'ambiance de la Renaissance, comme il l'avait été précédemment par Dürer. Portraitiste en vogue, il séjourne à la cour de Charles Quint, suit Philippe de Bourgogne aux Pays-Bas, peint les enfants du roi de Danemark. Ses nus, ses scènes mythologiques et ses tableaux religieux annoncent déjà l'art baroque, et les plus grands musées d'Europe se partagent aujourd'hui les œuvres de ce génial précurseur.

On comprend que Maubeuge soit fière d'un tel fils. Aussi le célèbre-t-elle joyeusement, à la manière du Nord, par un grand défilé carnavalesque. Depuis quelque soixante-quinze ans, chaque lundi de Pâques, la « Cavalcade » — qui a perdu ses chevaux mais gardé son nom — parcourt les rues de la ville au son des fanfares, enrichie de groupes costumés venus des pays voisins. En fin de cortège, derrière les majorettes, les pierrots, les « gilles » empanachés, Jan Mabuse apparaît dans toute sa gloire, en litière, au milieu d'une brillante escorte.

Les fêtes « mabusiennes » revêtiront un faste particulier en 1978, pour célébrer le tricentenaire du rattachement de Maubeuge à la France, entériné en 1678 par le traité de Nimègue. ■

Le maroilles

Porte-drapeau de son Avesnois natal, ce fromage célèbre passe pour avoir vu le jour en l'an 960, dans la puissante abbaye de Maroilles. Il serait plus exact de dire que les moines mirent alors au point l'affinage d'un produit local appelé « craquegnon ». Leur intervention fut déterminante, et le fromage, dès lors baptisé « maroilles », connut vite la notoriété. Les rois de France Philippe Auguste, Charles VI, Louis XI, François Ier et Henri IV s'en délectèrent, et Charles Quint s'en montrait friand.

Tous les amateurs de fromage savent que le maroilles est carré, mais ils ignorent peut-être que sa dimension est strictement réglementée : 13,5 cm de côté. Plus petit, il change de nom et devient,

▲ *Juché sur un mât comme une hune et coiffé d'un chapeau chinois, le kiosque à musique de Dourlers, près d'Avesnes-sur-Helpe.*

Patrie de Watteau et de Carpeaux, Valenciennes se devait de posséder
▼ *un riche musée des Beaux-Arts.*

Vieux-Condé et Hergnies, jusqu'au bois de l'Ermitage, dont les chênes centenaires entourent un beau château classique, construit à partir de 1750 par le duc de Croÿ et où l'on peut voir plusieurs sépultures de membres de cette famille.

Valenciennes, un musée fait ville

De belles maisons médiévales, de nobles hôtels classiques, une église du XIIIe siècle — Saint-Géry —, une bibliothèque installée dans un ancien collège de jésuites et où l'on conserve le manuscrit de la *Séquence de sainte Eulalie,* vieux de onze siècles (880) et premier document connu de langue française, et l'une des plus riches galeries de peinture et de sépulture de France ont valu à Valenciennes le surnom d'« Athènes du Nord » (qu'elle partage d'ailleurs avec Douai).

Van Dyck, Rubens, Jérôme Bosch, Bruegel de Velours, Marten de Vos, Van Cleve, Boucher, Nattier : c'est à dessein que nous citons pêle-mêle quelques-uns des artistes fameux dont les œuvres figurent au musée des Beaux-Arts, pour donner une idée de la richesse de cette ville-musée qu'est Valenciennes, cité natale de Froissart, le plus grand « reporter » du Moyen Âge, de Watteau, le peintre-poète du XVIIIe siècle, de Carpeaux, le célèbre sculpteur du second Empire.

Il était normal que l'architecture le plus résolument moderne y eût aussi sa place. Le *couvent du Carmel,* dû aux talents conjugués d'un architecte (Guislain) et d'un sculpteur (Szekely), est l'un des plus remarquables édifices religieux de l'art contemporain. Il faut aller jusqu'à Saint-Saulve, localité voisine, pour admirer avec quelle justesse, quel sens des volumes, quelle sensibilité les auteurs de cet ensemble ont conçu leur œuvre.

À Valenciennes, jadis capitale du Hainaut français, la guerre — les guerres — a épargné quelques maisons anciennes, dont la plus belle est probablement celle dite « du Prévôt », avec ses pignons à redents et sa tourelle à encorbellement (angle des rues de Paris et Notre-Dame). Le parc de la Rhônelle, vallonné à souhait, verdoyant et peuplé de sculptures dues, pour la plupart, à des artistes valenciennois, attire les flâneurs, les amoureux et les poètes...

Ville industrieuse, Valenciennes eut, au XVIIIe siècle, une manufacture de porcelaine réputée, dont le musée conserve quelques belles pièces. Mais c'est surtout aux prestigieuses dentelles produites au XVIIe et au XVIIIe siècle que son nom est resté attaché; disparu depuis la Révolution, cet artisanat s'efforce actuellement de renaître de ses cendres, et des cours permettent aux Valenciennoises qui en ont la patience de s'initier à cet art minutieux.

Maubeuge la Martyre, Bavay la Romaine, Le Quesnoy la Citadelle

Au mois de mai 1940, les sirènes hurlent l'alerte sur *Maubeuge,* l'ancienne place forte de la vallée de la Sambre. En se hâtant vers les abris, les habitants ignorent qu'une fois la tempête passée il ne restera à peu près rien de leur ville. Les bombes s'abattent partout, semant l'effroi, la mort et la ruine. Torpilles incendiaires, elles brûlent ce que les explosions ont épargné, si bien que la cité de Jan Gossaert, dit Mabuse (1478-1533), l'un des « grands » de l'école flamande, est, le temps d'un raid, détruite à 90 p. 100.

Au lendemain de la Libération, l'architecte André Lurçat est chargé de reconstruire Maubeuge. Cinq années durant, il s'attache à redonner à cet amas de ruines un visage nouveau qui soit aussi un visage « humain », réussissant « la seule opération d'urbanisme cohérente de l'immédiate après-guerre » (Maurice Besset).

N'ayant conservé du passé qu'une partie de la couronne de remparts dont Vauban l'avait gratifiée au XVIIe siècle et une belle porte fortifiée, la porte de Mons, Maubeuge sait aujourd'hui se contenter de ses souvenirs. (Ils remontent au VIIe siècle, époque à laquelle la ville commença de s'édifier autour d'un monastère de femmes.) Aux amis des bêtes, la parc zoologique propose ses 50 ha d'enclos sans grillage, où s'ébat en semi-liberté, dans un décor agréable, une faune allant des mammifères européens aux espèces

16. Paysages verts du Nord

suivant sa taille, « sorbais » ou « mignon », tout en gardant la même croûte dorée et la même pâte jaune, onctueuse et odorante. Comme pour un grand vin, son aire de production est étroitement délimitée.

Autrefois fabriqué dans les fermes, le maroilles est aujourd'hui produit industriellement, mais la technique est restée sensiblement la même. Après égouttage, le lait caillé est placé dans des moules — les « quinons » —, retourné plusieurs fois et salé. Il passe ensuite vingt-quatre heures dans la saumure, puis est séché sur des claies durant quarante-huit heures avant d'être affiné dans des caves fraîches (10 °C) et très humides. Chaque semaine, on le lave à l'eau salée et on le retourne. La croûte apparaît au bout d'un mois et rougit naturellement. À trois mois, le maroilles est prêt à être consommé, pour la plus grande joie des connaisseurs, et il peut se conserver six mois environ. ■

Les bonnes tables de l'Avesnois

Avesnes-sur-Helpe est aussi réputée pour l'excellence de sa table que pour son charme. On y déguste la flamiche au fromage et le lapin aux pruneaux dont presque toutes les bonnes cuisinières du Nord détiennent le secret. La « boulette » d'Avesnes, qui pourrait prétendre à des liens de proche parenté avec le célèbre maroilles, réjouira tous les amateurs de fromages à odeur forte. Quant aux truites et aux écrevisses de la région, leur réputation n'est plus à faire.

Ses remparts et ses douves, aujourd'hui envahis par la verdure, ▼ *faisaient du Quesnoy une place forte.*

exotiques, et des oiseaux de nos contrées à ceux d'autres cieux.

En juillet, la joie s'empare des rues de la cité : pendant treize jours, les Maubeugeois fêtent la bière avec toute l'ardeur que le Nord sait mettre à célébrer le breuvage qui est pour lui, autant qu'une boisson, un symbole de gaieté.

À l'ouest de Maubeuge, *Bavay,* jadis Bagacum, capitale des Nerviens, puis oppidum romain que César honora de sa visite, sait se souvenir que, se trouvant au carrefour de sept grandes « chaussées » menant à Boulogne, à Cambrai, à Soissons, à Reims (sa rivale), à Trèves, à Cologne et à Utrecht, elle fut l'une des cités les plus

Paysages verts du Nord. 17

▲ *L'étang qui baigne le château d'Olhain
ne le défend plus
mais l'embellit toujours.*

Le maître cuisinier Gaston Lenôtre a découvert, pour sa part, une très ancienne recette connue sous le nom d'« avesnoise » et, pense-t-on, très en honneur jadis chez les moines de Maroilles. Il s'agit d'un plat de carpes — de très grosses carpes dépassant les cinq livres — cuites au vin, flanquées de leur laitance et de leurs œufs, et nappées de crème... ■

Le château d'Olhain

Non loin de Bruay-en-Artois, une forteresse féodale semble jaillir d'un étang d'eau vive. Construit à l'aube du XIIIe siècle par un chevalier à son retour de croisade, le château d'Olhain fut en partie détruit durant la guerre de Cent Ans et reconstruit au début du XVe siècle avec les

importantes de la Belgique romaine avant de subir, vers la fin du IIIe siècle, des ravages dont elle ne se releva jamais tout à fait.

En 1942, les bombes ayant dégagé à leur manière, deux ans plus tôt, de vastes portions de terrain, un prêtre, le chanoine Bièvelet, profitant — si l'on peut dire! — du terrible coup de pioche venu du ciel, entreprend des fouilles. Ses efforts ne sont pas vains. Peu à peu, on retrouve les soubassements de tous les bâtiments qui entouraient autrefois le forum, cœur de la cité oubliée. Et ce n'est qu'un début : le chantier, qui couvre 25 000 m², n'a pas encore livré tous ses trésors.

Les ruines qui surgissent de terre se divisent en deux parties distinctes. Dans l'une, on reconnaît des remparts, une rue, un égout, quelques boutiques. Dans l'autre, la plus spectaculaire, on retrouve le forum dallé, encadré de galeries. Entre les deux, un petit musée archéologique rassemble les trouvailles faites lors des fouilles : bijoux, statuettes, urnes, objets usuels — épingles, dés à coudre, peignes, pots à onguents, stylets qui connurent assurément la main du scribe — faits de bronze, de marbre, de verre ou de terre cuite.

Au chapitre de l'architecture du XVIIe siècle, on inscrira le beffroi, au bel appareil de brique; à celui du siècle suivant, l'hôtel de ville, bâti en granite; et à celui de la gourmandise, la « chique de Bavay », un bonbon que l'on ne trouve nulle part ailleurs. Si on peut voir sur la Grande-Place une statue de Brunehaut, reine d'Austrasie, juchée sur une colonne cannelée, c'est que les habitants de la petite ville la considéraient comme l'instigatrice des sept voies rayonnant au-delà des murs d'enceinte...

Parfois surnommée « la perle du Hainaut », *Le Quesnoy* n'est qu'à quelques kilomètres de Bavay, mais son visage est tout autre. C'est celui d'une ville forte, telle que Vauban aimait les concevoir, et, de surcroît, la seule de tout le nord de la France qui ait conservé son enceinte intacte, en dépit des siècles. Ses maisons basses, soigneusement blanchies à la chaux, ses fleurs, innombrables à la belle saison, et sa verdure contrastent fort avec la rudesse des bastions et des murs de brique à parements de pierre dont sont faites les fortifications.

Il est préférable de visiter Le Quesnoy à pied, en partant de la place du Général-Leclerc. De là, on gagne la poterne donnant sur les fossés et sur le jardin des Souvenirs, à l'endroit même où les hommes de la *New-Zeeland Rifle Brigade* s'élancèrent, le 4 novembre 1918, à l'assaut du mur d'escarpe et l'escaladèrent avec des échelles, comme au Moyen Âge, afin de chasser de la ville les troupes allemandes qui s'y étaient solidement retranchées... grâce à Vauban. La très belle et toute proche *forêt de Mormal* — la plus vaste du Nord avec ses 10 000 ha — est un but de promenade. Le Quesnoy a d'autres atouts : un lac, un étang, une plage, des plans d'eau pour les pêcheurs et d'autres pour les canoteurs.

La souriante campagne de l'Avesnois

Au sud de Maubeuge s'étend un pays vert et — toutes proportions gardées — accidenté. Toutes ces campagnes herbues, ces vallées fraîches où l'eau paraît sourdre de chaque bouquet d'osiers, ces fermes de brique, c'est l'Avesnois, que prolonge au sud la Thiérache. Une oasis avec ses vallons, ses collines, ses vergers, ses bocages, ses grasses pâtures. « Jardin du Nord » pour les uns, « jolie porte de France » pour les autres, « Petite Suisse » du Nord pour de nombreux auteurs — dont certains vont jusqu'au « fin paradis » —, l'Avesnois est, en vérité, un petit peu tout cela à la fois.

Sur la rive gauche de l'Helpe Majeure — un affluent de la Sambre, à peine plus long que sa voisine l'Helpe Mineure —, *Avesnes-sur-Helpe,* une des cités où Vauban exerça son art de bien fortifier, est sans conteste la « capitale » de l'Avesnois. La ville — qui, pour les amateurs de fromages odorants, est d'abord la patrie de la très fameuse « boulette d'Avesnes » — date probablement de l'époque (début du XIe s.) où Werric le Barbu, seigneur de Leuze et fils du très noble Werric le Sor, décida de bâtir à cet endroit un château, ayant choisi, pour ce faire, un solide rocher. Il dut être un bon seigneur, puisque la ville, en 1953, fit de lui son « géant », et que le prince de Croÿ accepta d'en être le parrain.

En 1918, le maréchal Hindenburg, alors chef d'état-major général des armées allemandes, avait installé son quartier général dans la sous-préfecture. Et c'est de là que, assisté de Ludendorff, son second, il dirigea les dernières grandes offensives allemandes dans les Flandres, en Picardie et sur la Marne.

On admire à Avesnes le bel édifice de pierre bleue qui abrite l'hôtel de ville, la collégiale Saint-Nicolas, reconstruite en partie par Louise d'Albret, en 1535, dans le style gothique finissant et dont l'important clocher abrite un carillon de 48 cloches, la porte de Mons et d'autres monuments d'un intérêt divers. Mais, plus que tel bâtiment, tel vestige du passé, telle promenade, c'est une ambiance qui retient le visiteur, ambiance aimable des petites villes de jadis, aux vieilles rues mal pavées, coupées d'escaliers, que l'harmonie rend ici particulièrement prenante.

À l'ouest d'Avesnes-sur-Helpe, sur l'Helpe Mineure, *Maroilles* fabrique, depuis plus de mille ans, des fromages renommés, dont la recette fut élaborée par les bénédictins d'une abbaye dont il ne reste pas grand-chose. Au nord-est, *Sars-Poteries* est — son nom l'indique — toute dévolue à l'art du feu. Moins de 2 000 âmes dans ce bourg qui, jusqu'à ces dernières années, était tombé dans l'oubli après avoir été longtemps (depuis le XIIe siècle) considéré comme l'une des « capitales » du grès, cette céramique très dure que l'on obtient en mêlant de la silice à l'argile. En y créant, en 1967, un musée du Verre,

modifications qu'imposait l'usage de l'artillerie. Deux ponts-levis successifs commandaient jadis l'entrée de la basse-cour, en forme de demi-cercle et entourée de communs aujourd'hui convertis en ferme. Un troisième pont-levis, qui existe encore, donnait accès au château fort, flanqué de deux imposantes tours rondes. La plus grosse de ces tours faisait office de donjon. On y visite la salle des Gardes, voûtée d'ogives et dotée d'une cheminée monumentale en grès, et, au-dessus, la salle du Diable, hantée, dit la légende, par le fantôme d'un moine mendiant, assassiné au cours d'agapes trop arrosées. Au mur du donjon est accolée une tour de guet dont l'escalier à vis a 100 marches. La tour sud contient une chapelle aménagée au XIXᵉ siècle. ■

Le tulle, capitale Caudry

En 1826, le Cambrésis recensait plus de 200 métiers artisanaux pour la fabrication du tulle. Trois ans plus tard, un industriel nommé Tofflin introduisait à Caudry, entre Le Cateau et Cambrai, l'industrie de la dentelle mécanique, probablement parce que la ville était réputée pour l'habileté de ses ouvrières.

Aujourd'hui, Caudry compte quelque 400 métiers à dentelle, 500 métiers à tulle (uni ou grec), 400 métiers à broder, 40 métiers à rideaux de guipure, 300 machines à fuseaux et plusieurs milliers de métiers à tisser. Avec sa « q'misse ed couleur » (sa chemise de couleur), son tablier, le crochet des ouvriers tullistes pendu à l'oreille droite, le mannequin géant Batisse symbolise cette spécialité. ■

▲ *La Révolution n'a pas laissé subsister grand-chose de l'abbaye qui dominait jadis Mont-Saint-Éloi.*

Le clocher à bulbe de Saint-Nicolas d'Avesnes-sur-Helpe ▼ *abrite un carillon réputé.*

on a redonné vie à Sars, rappelant par la même occasion que, très longtemps après les potiers, au début du XIXᵉ siècle, des verriers étaient venus s'y installer. Aujourd'hui, les fours sont rallumés, le musée abrite des expositions temporaires et enrichit, mois après mois, ses collections permanentes; potiers et verriers recherchent les secrets de leurs lointains ancêtres, ces sorciers qui, d'un peu de terre et de beaucoup de feu, savaient faire naître l'objet...

Tout près de Sars, *Solre-le-Château* n'a plus de château, mais il lui reste le verdoyant vallon de la Solre (un affluent de la Sambre) et, comme Avesnes-sur-Helpe, une douce ambiance quasi indéfinissable. Là encore, un bel hôtel de ville et une église gothique apportent une double note plus facile à cerner. Cette fois, la façade de l'hôtel de ville est en brique rose, et des arcades rappellent qu'il s'agit d'une ancienne halle. Quant au clocher de l'église, il est particulièrement original avec sa haute flèche penchée et ses quatre clochetons pointus, tous pareillement coiffés de boules.

À l'est d'Avesnes-sur-Helpe, la haute vallée de l'Helpe Majeure, agréablement vallonnée, boisée et parsemée d'étangs, est jalonnée de petites églises au clocher trapu, couvert d'ardoises bleues. Celle de *Liessies*, qui date du XVIᵉ siècle, est peuplée d'amusantes statues naïves. Celle d'*Eppe-Sauvage* se dresse à l'extrémité orientale du magnifique lac du Val-Joly, créé par le barrage d'Eppe-Sauvage : plage, base nautique, école de voile, club hippique, tout est prévu pour faire de cet aimable village un centre touristique, au cœur d'une région depuis longtemps réputée pour la pureté de son air.

Quatre pas en Cambrésis

De l'Avesnois au Cambrésis, il n'y a qu'un pas. Un pas en direction de l'ouest, par-dessus la Sambre — canalisée, en l'occurrence —, que l'on peut franchir à *Catillon-sur-Sambre*, par exemple, où un monument rappelle que 16 000 soldats d'outre-Manche dorment dans cette terre de France, les 16 000 morts de la 1ʳᵉ division britannique, si durement éprouvée par la Première Guerre mondiale, lors de batailles dont les noms — Scarpe, Lys, Yser, Sambre, Escaut — ne s'effaceront pas de la mémoire des hommes.

Première étape dans ce pays où la betterave est reine et la sucrerie son palais : *Le Cateau*, qui s'appelait naguère *Le Cateau-Cambrésis*. Tous les écoliers — les bons écoliers — savent que c'est la ville où, en 1559, le roi de France Henri II et Philippe II d'Espagne signèrent le traité mettant un terme aux guerres d'Italie et donnant à la France les Trois-Évêchés (Metz, Toul et Verdun). Deux siècles plus tard, les princes-archevêques de Cambrai, suzerains du Cateau, s'y firent bâtir un palais, faussement baptisé « palais Fénelon » puisque sa construc-

Paysages verts du Nord. 19

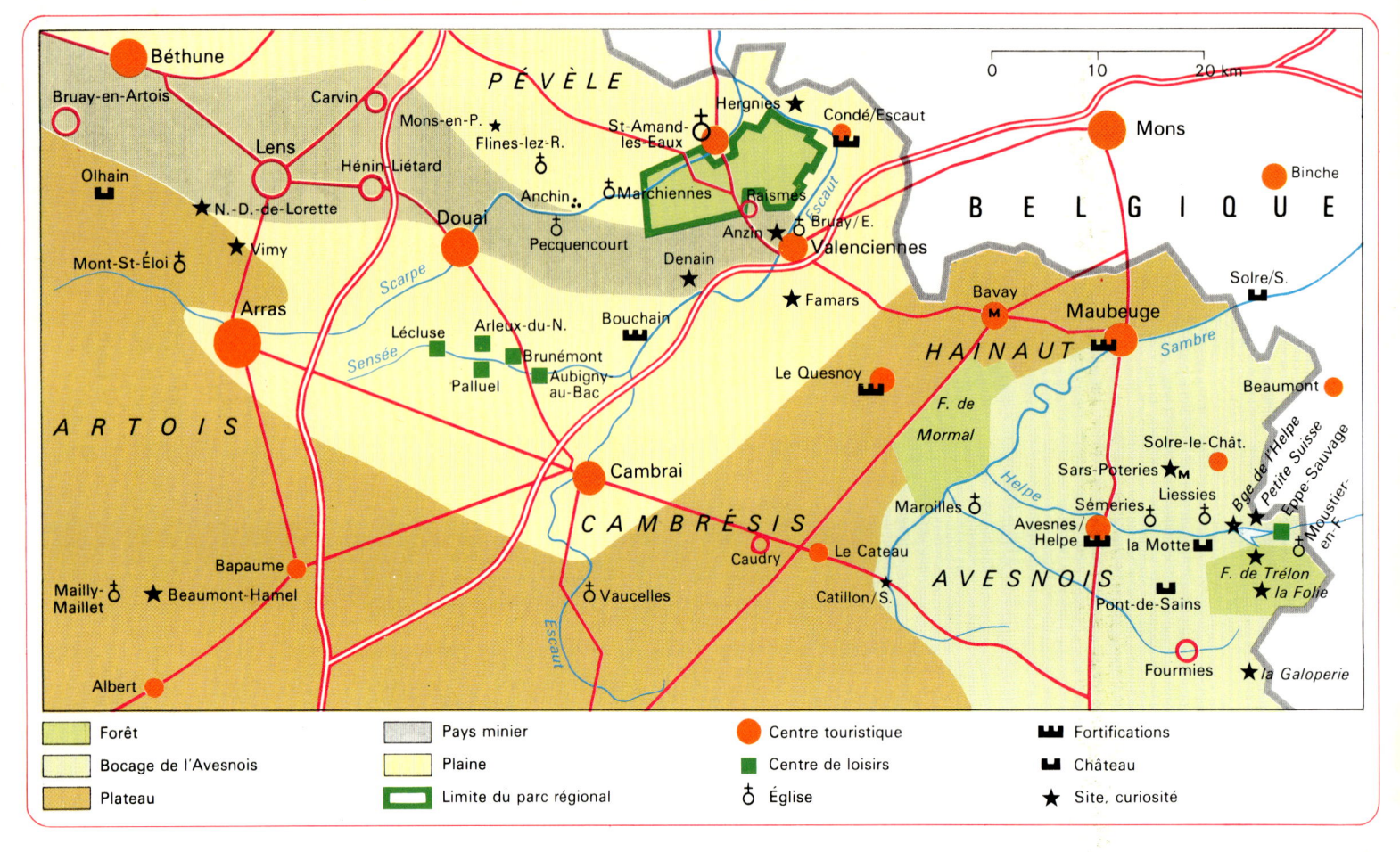

tion est postérieure au célèbre «Cygne de Cambrai», qui vint cependant méditer dans les jardins que borde la Selle.

Ville natale d'Adolphe Mortier, le géant devenu maréchal d'Empire, Le Cateau possède un musée Henri-Matisse qui compte de nombreuses œuvres du peintre, Catésien lui aussi, et s'enorgueillit de ses deux tours, le beffroi de l'hôtel de ville et le clocher bulbeux de l'église Saint-Martin, ancienne abbatiale bénédictine dont la façade baroque est un modèle du genre.

Le site le plus pittoresque du pays se trouve au nord-ouest, entre Cambrai et Douai, à la limite du Cambrésis et de la Flandre. La Sensée, un modeste affluent de l'Escaut, ne serait qu'un cours d'eau comme les autres si sa fantaisie ne l'avait amenée à dessiner, entre Lécluse et Wasnes-aux-Bacs, une belle séquence d'étangs, parfois presque invisibles tant ils s'enferment dans les hautes herbes, tant il savent se cacher dans l'ombre fraîche des rideaux de peupliers. Pêcheurs, bien évidemment, et chasseurs, cela va sans dire, en connaissent tous les recoins, mais promeneurs et pique-niqueurs y trouvent aussi de quoi calmer leur fringale de bon air et de belle nature. On les rencontre à Lécluse, où l'on canote à deux pas d'un menhir et d'un dolmen cinq ou six fois millénaires; à Hamel, au pied de la croix de pierre datant de 1612; à Arleux, spécialisée dans la culture de l'ail; auprès des ruines de l'abbaye cistercienne du Verger; et surtout à *Aubigny-au-Bac* depuis qu'une belle plage de sable borde le lac de 62 ha, sillonné de barques, de pédalos, de voiliers et de hors-bord : vedettes, ski nautique, piscine olympique, boules, petit train, parc d'attractions, restaurants, terrains de camping... la vallée de la Sensée a trouvé son centre touristique.

Les vertes collines de l'Artois

À côté, c'est l'Artois, partagé entre ses ascendances flamandes et ses alliances picardes, fief des grandes fermes bâties autour de leur cour, et dont les briques reçoivent fréquemment un épais badigeon de chaux qui fait claquer comme un défi, sous le ciel souvent gris, des murs d'une blancheur éclatante. Ses collines fertiles, objets de farouches combats pendant la Première Guerre mondiale, sont parsemées d'émouvants monuments du souvenir.

Au nord d'Arras, *Mont-Saint-Éloi* domine la vallée de la Scarpe du haut de ses 135 m d'altitude : un belvédère qui ne pouvait laisser des combattants indifférents; Français et Allemands se le disputèrent âprement en 1915, et de nouveau en 1940. Vestiges d'un passé plus lointain, on y trouve les ruines d'une abbaye d'augustins et un menhir.

La colline de *Notre-Dame-de-Lorette,* point culminant, avec ses 166 m, du champ de bataille de l'Artois, fut le théâtre d'un tel carnage que, sur les 40 000 hommes qui y perdirent la vie, on ne put en identifier que 20 000. Ils sont enterrés dans le cimetière, au pied d'une imposante lanterne des morts, alors que les autres s'entassent anonymement dans l'ossuaire.

À *Vimy*, enfin, devant un damier de champs où pointent les cônes sombres des terrils, le mémorial canadien, évoque avec une poignante sobriété le sacrifice des 75 000 jeunes hommes venus du lointain Canada se faire tuer sur les vertes collines de l'Artois.

▲ *Vimy : monument élevé par le Canada à la mémoire de ses 75 000 tués lors de la Première Guerre mondiale.*